工业智能化知识基础

——建模、仿真、案例及代码

杜 斌　贯树晋　编著

北 京
冶 金 工 业 出 版 社
2021

内容提要

本书是一本集基础知识、实际工业案例、编程代码（PYTHON）于一体的智能化知识通俗实用读本，用于帮助钢铁企业和其他行业中的材料、工艺、设备、能源、质量和制造等专业的工程师快速学习和了解智能化基础知识。本书内容包括数理统计基础、数据分析与建模、数学优化、数字仿真等多门基础学科以及人工智能、机器学习等专业知识，大部分章节配有普适性的实例，还在附录中配置了多个作者所在团队的数据建模、智能控制、智能优化的实例，并给出计算的简易源代码以便年轻工程师快速上手。

本书用于辅助钢铁企业和其他长流程制造行业智能制造转型升级，供企业中的材料、工艺、设备、能源、质量和制造等专业的工程师阅读，即使对于自动化和信息工程师学习智能化知识，也是一本值得阅读的综合性书籍，也可供高等院校相关专业的师生参考。

图书在版编目(CIP)数据

工业智能化知识基础：建模、仿真、案例及代码/杜斌，贾树晋编著. —北京：冶金工业出版社，2021. 9

ISBN 978-7-5024-8929-8

Ⅰ. ①工…　Ⅱ. ①杜…　②贾…　Ⅲ. ①智能制造系统—制造工业　Ⅳ. ①F407. 4

中国版本图书馆 CIP 数据核字（2021）第 191984 号

出 版 人　苏长永

地　　址　北京市东城区嵩祝院北巷 39 号　邮编　100009　电话　(010)64027926

网　　址　www. cnmip. com. cn　电子信箱　yjcbs@ cnmip. com. cn

责任编辑　戈　兰　美术编辑　彭子赫　版式设计　孙跃红

责任校对　王永欣　责任印制　李玉山

ISBN 978-7-5024-8929-8

冶金工业出版社出版发行；各地新华书店经销；三河市双峰印刷装订有限公司印刷

2021 年 9 月第 1 版，2021 年 9 月第 1 次印刷

710mm×1000mm　1/16；9. 75 印张；185 千字；139 页

69. 00 元

冶金工业出版社　投稿电话　(010)64027932　投稿信箱　tougao@ cnmip. com. cn

冶金工业出版社营销中心　电话　(010)64044283　传真　(010)64027893

冶金工业出版社天猫旗舰店　yjgycbs. tmall. com

（本书如有印装质量问题，本社营销中心负责退换）

序　一

新一轮工业革命方兴未艾，全球制造业正迈向智能化时代，数字化转型升级的浪潮扑面而来，绿色化、智能化已成为钢铁业发展的主旋律。

作为全球领先的钢铁集团，中国宝武钢铁集团将推进智能制造作为公司重要的战略任务，通过数年持之以恒的努力，已经形成了以宝钢股份为代表的，以智慧制造、智慧服务、智慧治理为特征的一批行业领军企业，推动了智能工厂、工业大数据、工业人工智能等的建设和发展。同时，通过这些年的实践，人们深刻认识到，在钢铁行业推进智能制造的过程中，相关工业专业软件、人才队伍与硬件相比同样非常重要，企业在推进智能制造、大数据实际使用上的效果与智能制造人才水平息息相关。人才从何而来？我认为，主要还是要依靠现有各专业工程师通过学习转型而来。因此，中国宝武对员工尤其是中青年工程师提出了学习新知识、掌握新技术的要求。

宝钢研究院的杜斌教授、贾树晋博士所在的团队从2003年就开始从事智能制造领域的研究，积累了丰富的经验，也非常了解企业工程师的实际需求。他们围绕钢铁企业或其他制造型企业材料、工艺、设备等领域的工程师快速学习和了解智能化基础知识这一出发点，精心编撰了《工业智能化知识基础——建模、仿真、案例及代码》这本通俗、简要的综合性读物，既有理论知识、方法工具，也有丰富的实践案例，提供了“一本通读”的便利性，填补了当下钢铁行业这类书的空白，具有非常重要的实践意义。

面向未来，处于智能化、低碳化的大时代，工业企业的颠覆性变革将如滚滚车轮不断向前，唯有不断学习才能让我们更好地拥抱变革、把握未来。希望通过这本综合性读物的出版，在更大的范围内分享作者的智慧和经验，让更多读者因此受益，为促进中国钢铁企业智能化升级作出更大的贡献。

2021 年 9 月

序　二

通过冶金行业自动化学术交流的活动，我和作者之一的杜斌博士相识已经20多年了。杜博士1994年初获得法国电气工程博士学位，学成后即回国效力，至今一直在宝钢研发第一线从事钢铁业核心的模型与智能优化技术工作，早就是行业公认的知名专家了。

站在宝钢的技术平台上，杜博士于1998年完成我国第一个钢铁业过程控制模型（炼钢模型），但却在2003年带领小组转去研发当时陌生的信息层面优化模型，其实就是当下热门的智能化核心的技术领域。这么早就看到智能化的必要性和可行性，并取得了一系列骄人的科研成果和显著的效益，显示了杜博士的远见卓识和战术攻关能力。

我们曾经于2020年夏天谈及“智能化技术科普”对我国钢铁业当下的重要性，谈及热门技术出现时需要正确引导，因此我们共同呼吁专业人员多写一些这类读物。这次杜博士急行业所急，不辞辛劳地编著这本技术通俗教材，的确难能可贵。

本书的另外一位作者贾树晋博士是宝钢研究院智能所一位年轻有为的研发工程师，我和贾博士都是国家“十三五”重大研发计划同一项目的课题负责人，因此得以认识。年轻学者参与这类通俗读物的撰写，值得鼓励。

本书深入浅出，系统全面地介绍了智能化基础知识，是一本协助钢铁业等流程工业的产品、工艺、装备等专业的工程师（非控制类专业）学习智能化技术的好读物，即使自动化专业工程师读之也能获益匪浅。该书建立在深入了解企业工程师需求的基础上，结合作者对工业智能化知识的系统梳理和长期实践，巧妙凝练了4~5门不同学科的必要内容。据我所知，目前国内还没有同类的读物，它可以提高工程师的学习效率，可以让读者免去读那些难懂的控制与智能化专业书籍。与一般学术书籍不同，该书配有若干实际工业案例以及软件程序，为读者学用结合提供了难得的条件。

基于与作者共同的想法和愿望，我非常荣幸应作者邀请为本书做序，相信本书对企业工程师学习智能化技术会有极大帮助。

2021年8月于北京

前　言

智能制造已成为实现我国从制造大国走向制造强国战略目标的主要抓手之一。企业都在努力通过智能化技术提升自己的竞争力。企业智能制造以新时代信息技术为基础，客观上与企业各部门以及几乎所有的专业技术人员和管理者有关，智能化时代需要各专业的工程师对此有所了解。作为长期专业从事智能制造技术的专业人员注意到，智能制造涉及大量不同的基础知识和技能，如数理统计基础、数据分析与建模、计算机编程、数学优化等多门基础学科以及如人工智能、机器学习等新型专业知识或课程，即使目前自动化和计算机等专业的大学教育也可能没有覆盖上述全部学科内容。我国目前还缺乏专门为企业工程师学习智能制造相关知识而编写的综合读本，令非专业工程师的入门学习感到不便。

为了帮助钢铁企业和其他行业中的材料、工艺、设备、能源、质量、制造，甚至自动化计算机等专业的工程师快速学习和了解智能化基础知识，我们决定编写一本集基础知识、实际工业案例、编程代码（Python）于一体的通俗实用的读本。编写过程力求通俗易懂，避免繁琐数学证明，而且在选择具体内容时充分考虑其对于一般工程师的必要性，大部分章节配有普适性的例子，还在附录中配置了多个笔者所在小组的数据建模、智能控制、智能优化的实例，并给出计算的简易源代码以便年轻的工程师动手试试。

我们花时间编写这类综合若干课程和知识的读本，希望提供给工程师“一本通读”的便利性，希望提高工程师们学习相关新知识的效率，降低自学的难度。虽然初心不错，但时间仓促，难免挂一漏万，欢迎读者指正和提出宝贵意见，以便今后进一步完善。

本书各章节力求必要和完整，为了更高效快速的学习，我们有如下建议供读者参考：

(1) 本书第 1 章构成数理统计的入门材料，读者应首先仔细阅读这一章节。本书第 2、3 章的前两小节构成数据建模与人工智能的初级材料，读者应结合案例和代码掌握相关模型和算法。第 2、3 章的其他小节内容为进阶材料，读者可根据业务需要深入学习某些感兴趣的知识点。本书第 4 章数字仿真可以暂时不读。

(2) 本书的附录 3 是关于钢铁业大数据应用的综述性文章，该部分涉及工业大数据应用的方法、技术特征、选题策略和管理推进多个方面，通俗易懂，可单独阅读，甚至建议优先阅读。

(3) 工业数据的应用是人工智能在工业的重点方向，建议读者对本书中提供的案例和源代码进行实践练习，通过软件和理论结合的学习，找到一些体验后，尝试对自己工作中的问题进行初步探索。

(4) 目前编程语言很多，我们建议选择 Python，考虑到这方面读物和视频资料较多而未编入。建议中青年工程师另外抽时间学习 Python 编程，这一点十分重要，但我们不建议已经成为各专业骨干的高级工程师学习编程。另外，我们将提供学习和交流平台服务于宝武集团内部工程师。

(5) 智能制造知识并不仅局限于本书的范畴，还包括工业互联网、通信、自动化等技术。有读者可能会问，工业互联网技术难道不重要吗？编者在选择内容的时候对此有所考虑，之所以没有选入是从本书的出发点考虑，我们并不指望本书成为智能制造的百科全书，而且这些知识专业性比较强，通常与制造业具体业务联系也不紧密。

感谢宝钢股份公司董事长邹继新先生、冶金自动化学会秘书长孙彦广博士为本书作序。特别感谢宝钢研究院智能制造所的文静博士，在文字编写和素材整理方面做出的贡献，智能制造所贾钟烨、李青、易剑、谢树元、徐耀等同志在案例素材方面提供的帮助；华东理工大学在笔者所在小组从事工程硕士研究生学习的张佳琪、张子繁、王潇、戚传国四位同学在素材整理方面的帮助；同济大学梁哲教授对本书的指导和部分章节的修订；冶金工业出版社苏长永社长的鼎力支持与帮助；宝钢股份、宝武产教融合发展中心、宝武研究院有关同志的支持。

本书参考了一些教材和文献，所有参考文献都尽量标明，但可能会有遗漏，请原著者见谅。

作　者

2021 年 8 月

目　录

1 数理统计基础

概率论与统计是研究随机现象的统计规律的数学，也是大数据分析应用、机器学习等新兴学科的前置学科。本章对概率论与统计的基本概念和重要理论做简要介绍。我们希望读者从复习的角度来学习本章，有些内容一时理解不了可以先跳过去。

数据是通过观察、实验或者计算得到的结果，是智能化学习和科学决策的基础，有了数据，我们才能够对事物的发展规律进行定量化的描述。数据有很多种，它可以是数值、文字、图像、声音等，但是归根结底，文字、图像、声音等数据都可以转换为数值，例如就二维图像而言，每一个像素点的位置可以用坐标值表示，像素点的颜色可以用 RGB 三原色的值来表示，再例如在评估产品满意度时，用数值 1（完全不满意）到 5（完全满意）来量化满意度数据。我们通常所说的数据分析、数据处理都是针对数值型数据而言的，本书如无特别说明，所述数据均指数值型数据。

数据最原始的表现方式是数字，比如记录班上每位同学每次考试的成绩，其直观表现就是一连串的数字。但是，仅仅是这些数字摆在我们面前显然是不够的，我们希望知道班级的平均分以及各个分数段的人数分布等统计信息，从时间维度上，我们还希望与上次考试成绩进行纵向对比，分析有多少同学的分数提升或者下降了。为了达到上述数据分析的目的，我们需要对数据进行表格化、图形化的描述，并在数据描述的载体上体现数据的统计特征，例如均值、方差、标准差、概率分布等。

本章第一小节介绍数据描述的通用手段，包括直方图、箱线图和散点图，同时介绍一些常见的数据统计特征；第二小节介绍概率论基础，包括概率计算、概率分布和正态分布。

1.1 数据描述方法

数据描述方法用于辅助理解数据的分布、形状以及集中趋势，并发现数据中的模式和结构，识别出不寻常的数据值或模式。例如，我们可以使用描述性工具（如直方图、箱线图、散点图等）来实现样本数据的可视化，并基于直观视觉判断变量之间的潜在关系，具体使用哪种描述工具，很大程度上取决于数据类型、数据量以及数据分析的目的，工程师可根据实际需要选用相应的描述工具。本小节介绍的数据描述方法包括直方图、箱线图和散点图，同时介绍均值、方差、标准差和欧氏距离等数据统计特征。

1.1.1 直方图和箱线图

数据一般通过采样获得，通过对有限的样本数据进行图形化描述，能够辅助我们更好地把握总体的规律。例如，为了评估甲乙两人的射击水平，记录某次射击训练中甲乙两人的射击成绩，各射击 100 次，命中环数的数据如表 1-1 所示，其中甲射中次数最多的环数为 7 环，共计 38 次，乙射中 5 环的次数最多共计 23 次，乙射中 6 环的次数也相对较多为 21 次。

表 1-1 甲乙两人射击数据统计

环数	0	1	2	3	4	5	6	7	8	9	10
甲	0	0	2	3	4	6	15	38	21	7	4
乙	0	0	5	8	11	23	21	15	10	5	2

直方图是数据分布的图形化形式，可用于辅助了解数据分布的特点和形状。将表 1-1 数据转化为直方图如图 1-1 所示，每个小矩形的高度表示对应环数的射中次数。我们可以直观地观察到，甲射中的环数大多集中在 6、7、8，相比乙而言，甲射中的环数更高且分布更为集中。

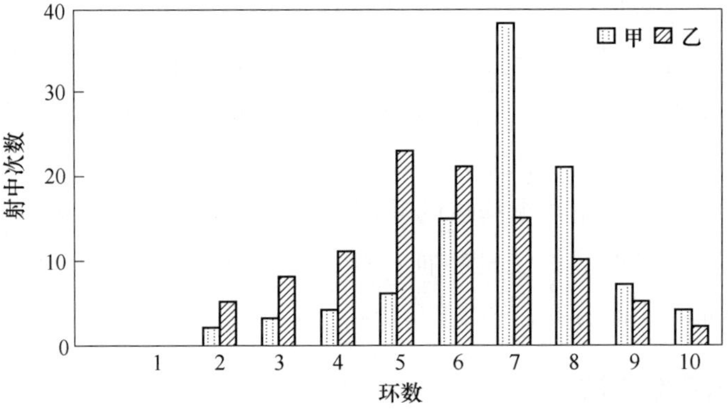

图 1-1 甲乙两人射击成绩直方图

图 1-2 给出了一些常见的直方图及其对应的分布形状轮廓，图（a）的分

布有点像钟形，它以零为中心，且分布的范围从–3 至+3。这些数据近似服从统计中一个非常特殊的分布，称为标准正态分布，读者可以在本章 1.2 节中了解有关正态分布和标准正态分布的更多信息。图（b）的分布有一个很长的右尾，这是一个右偏的分布，大多数值介于 2 和 6 之间，有一些值落在分布的尾部。当分布的尾部靠左侧时，如图（d）所示，这个分布称为左偏。在图（c）的分布中，变量取值介于 1 到 12 之间，所有值都分布在此范围内，且形状是相对平坦的，称为均匀分布。

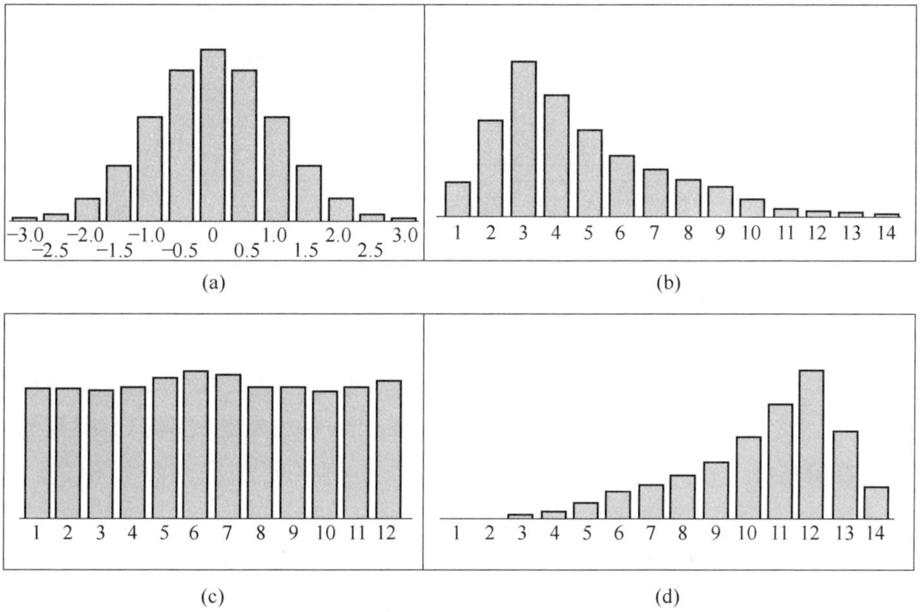

图 1-2 常见直方图分布形状

（a）近似正态分布；（b）右偏分布；（c）均匀分布；（d）左偏分布

大多数统计都是针对集中趋势和分布特点的度量，最常用的中心测量方法是平均值和中位数，分布特点的度量包括范围、标准差、四分位数等。回到刚才的射击案例，我们可以从直方图判断甲射中的环数相比乙更高，但是没有办法量化甲乙两人的差距有多大，此时，我们一般采用平均值来粗略评估两人的射击水平。假设样本数据数量为 n，样本的数据值为 x_i，样本均值的计算公式如下：

$$E(X) = \overline{X} = \frac{\sum_{i=1}^{n} x_i}{n}$$

根据公式，得到甲乙两人的样本均值分别为 6.86 环和 5.69 环，据此，我们判定甲的射击水平优于乙。

样本均值是分布的重心或平衡点，但却不足以描述数据分布的特征。此时我们可以采用中位数、四分位数来描述数据，中位数是分布的中间值，它将数据分成两个数量相等的部分，四分位数将数据分成四个相等的部分。需要注意的是，由于数据值不一定会精确地落在中位数、四分位数处，因此可使用插值来计算这些分位值。中位数、四分位数可用于创建箱线图，箱线图的示例如图 1-3 所示。

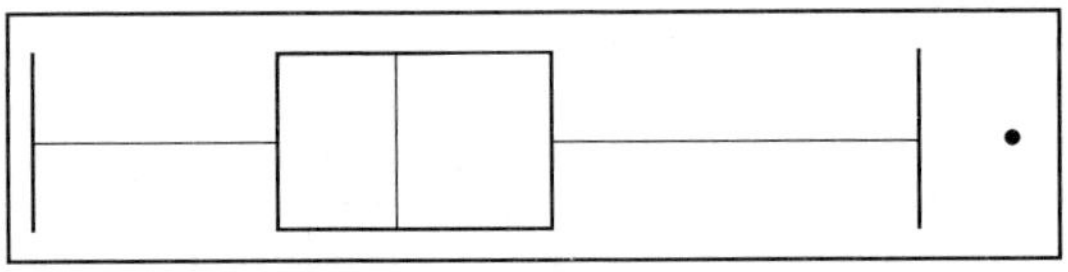

图 1-3　箱线图示例

箱线图中框的左侧是下四分位，框的右侧是上四分位，框中绘制的垂直线是中位数。箱线图中两侧的垂直线分别是下界和上界，值得注意的是，箱线图中的上下界不是指样本数据的最大值和最小值，而是由四分位数的值确定，计算公式参考例 1.1。因此，当样本存在上下界之外的数据点，则视为异常值，在箱线图中用实心圆点表示。下面以案例说明箱线图特征值的计算方法。

例 1.1　假设数据共 6 项，从小到大排列为 10，14，15，17，20，21，分别计算箱线图对应的下四分位、中位数、上四分位以及上下界。

解：首先确定分位数的位置：

下四分位（Q_1）的位置：$(n+1)/4=(6+1)/4=1.75$

中位数（Q_2）的位置：$(n+1)/2=(6+1)/2=3.5$

上四分位（Q_3）的位置：$(n+1)\times3/4=(6+1)\times3/4=5.25$

然后确定分位数的值：

$$Q_1 = 10 + (14 - 10) \times (1.75 - 1) = 13$$

$$Q_2 = 15 + (17 - 15) \times (3.5 - 3) = 16$$

$$Q_3 = 20 + (21 - 20) \times (5.25 - 5) = 20.25$$

最后根据四分位数差确定上下界：

$$\text{下界} = Q_1 - 1.5(Q_3 - Q_1) = 2.125$$

$$\text{上界} = Q_3 + 1.5(Q_3 - Q_1) = 31.125$$

针对前面的射击案例，分别计算甲乙两人的箱线图特征值，对照直方图绘制箱线图，如图 1-4 所示。由箱线图可知，相比乙而言，甲对应的四分位数和中位数均集中在环数更高的区域，也就是说，甲的总体射击水平优于乙。

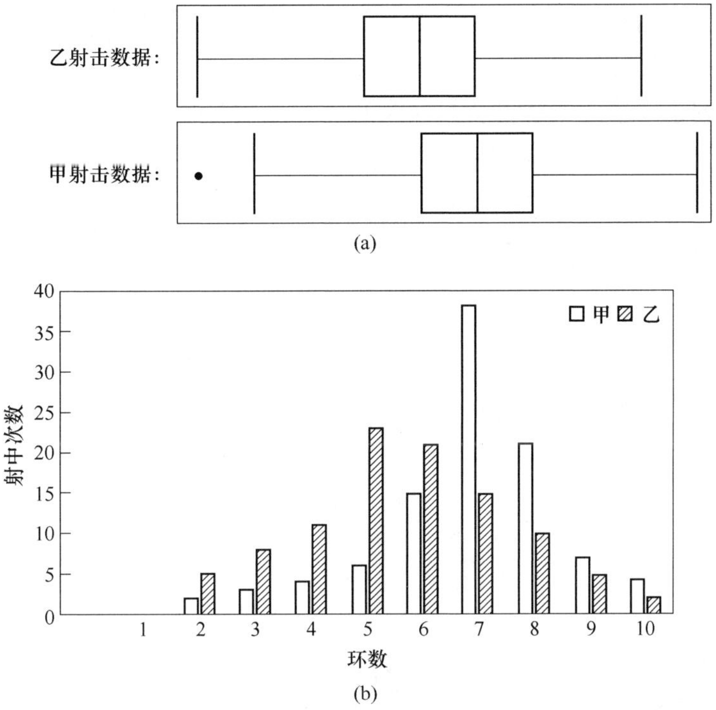

图 1-4 甲乙两人射击数据对应的直方图与箱线图

中位数、四分位数能够大致描述数据的分布特征，但是不能够量化分析数据的离散程度，因此，我们进一步引入样本方差的概念，样本方差的计算公式为：

$$Var(X) = S^2 = \frac{1}{n-1}\sum_{i=1}^{n}(X_i - \overline{X})^2$$

方差是通过对均值的偏离取平方来计算，因此方差的度量单位是样本度量单位的平方，如我们所说射击环数，方差将以环数平方为单位。相比之下，样本标准差能够更容易被解释，它通过取样本方差的平方根来度量数据相对平均值的偏离程度，样本标准差与样本变量处于相同的度量单位。样本标准差的计算公式为：

$$S = \sqrt{\frac{1}{n-1}\sum_{i=1}^{n}(X_i - \overline{X})^2}$$

回到射击的案例中，甲乙两人对应的样本标准差分别为 1.61 和 2.20，甲的样本标准差更小，意味着甲的射击水平更具稳定性。

1.1.2 散点图

散点图是指数据点在直角坐标系平面上的分布图，表示因变量随自变量而变化的大致趋势，据此可以选择合适的函数对数据点进行拟合，散点图常用于回归和聚类分析中。

散点图是度量两个变量关系强弱的最直观的图形，如图 1-5 所示，不同的散点图反映了 x 与 y 之间不同的相关性。实际生活中，身高（x）和体重（y）的样本数据可能更偏向于强正比关系或弱正比关系，排队等待时间（x）与满意度（y）的样本数据可能更偏向于强反比或弱反比关系。

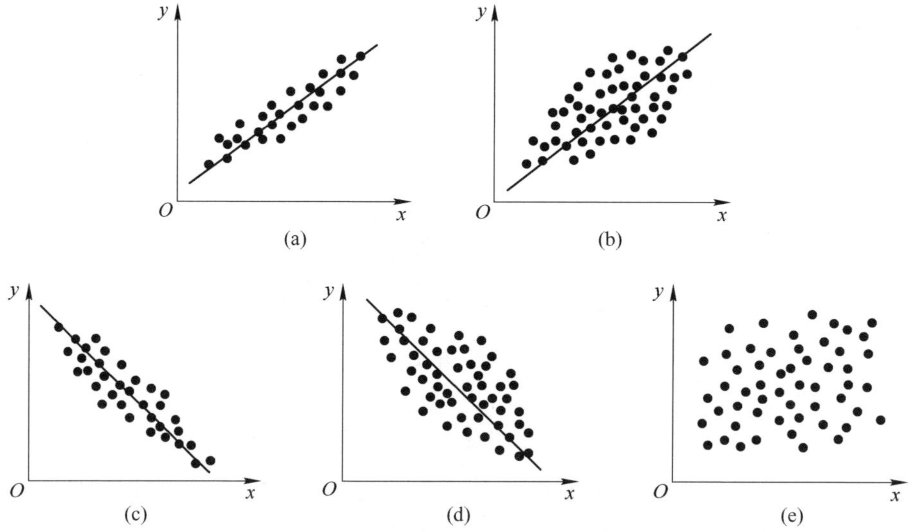

图 1-5 表示变量相关性的散点图示例

（a）强正比关系；（b）弱正比关系；（c）强反比关系；（d）弱反比关系；（e）不相关

上面的散点图涉及二维数据的统计分析，通常用于描述二维随机变量（X, Y）的相关性。随机变量是指随机事件的数量表现，随机变量平均取值的大小用数学期望来表示，期望是均值在随机变量的推广。前面给出的均值和方差公式，只能够反映单个变量相对其均值的偏离程度，而对两个变量之间的相互联系不提供任何信息。因此，我们定义了协方差和相关系数对二维随机变量（X, Y）的关系进行量化分析。

定义 1.1 设（X, Y）是一组随机变量，称

$$\mathrm{cov}(X,\ Y) = E\{[X - E(X)][Y - E(Y)]\}$$

为 X 与 Y 的协方差。

协方差表示的是两个变量的总体的误差，这里的“协”是“协同”的意思。回顾前面的方差公式，X 的方差是 $X-E(X)$ 与 $X-E(X)$ 乘积的期望，把其中一个 $X-E(X)$ 换成 $Y-E(Y)$ 就得到了协方差的公式，其形式接近方差，又有 X，Y 二者的参与，由此得出协方差的名称。

定义 1.2 设（X，Y）是一组随机变量，当方差 $Var(X)>0$，$Var(Y)>0$ 时，称

$$\rho(X, Y)=E\left[\frac{X-E(X)}{\sqrt{Var(X)}}\cdot\frac{Y-E(Y)}{\sqrt{Var(Y)}}\right]=\frac{\operatorname{cov}(X, Y)}{\sqrt{Var(X)Var(Y)}}$$

为 X 与 Y 的**相关系数**，记作 $\rho(X, Y)$ 或 ρ_{xy}。

当 $\rho_{xy}=1$（-1）时，称 X 和 Y 正（负）线性相关，即存在常数 $a>0$（<0）与实数 b，使 $Y=aX+b$。

当 $\rho_{xy}=0$ 时，则称 X 和 Y 不相关，这里的不相关指的是没有线性关系，但可能有其他的非线性关系。

相关系数也常被称为“线性相关系数”。这是因为，实际上相关系数并不是刻画了 X、Y 之间“一般”关系程度，而只是“线性”关系程度，当且仅当 X、Y 有严格的线性关系时，才有 $|\rho_{xy}|$ 达到最大值 1。下面的例 1.2 说明：即使 X 与 Y 有某种严格的函数关系但非线性关系时，$|\rho_{xy}|$ 不仅不必为 1，还可以为 0。

例 1.2 设 $X\sim R[-1/2, 1/2]$，即区间［$-1/2$，$1/2$］内的均匀分布，而 $Y=\cos X$，Y 与 X 有严格函数关系。求 X 与 Y 的相关系数。

因 $E(X)=0$、$E(Y)=0$，由定义 1.1 求得协方差为：

$$\operatorname{cov}(X, Y)=E(XY)=E(X\cos X)=\int_{-1/2}^{1/2}x\cos x\mathrm{d}x=0$$

根据定义 1.2，分母不为 0，分子 $\operatorname{cov}(X, Y)=0$，则 X 与 Y 的相关系数为 0。根据相关系数的值，X、Y 似乎不相关，但它们之间却有着严格的关系 $Y=\cos X$。足见这样的相关只能指线性而言，一超出这个范围，相关性的概念就失去了意义。

散点图还可以用于区分数据类别，如图 1-6 所示，圆点和“×”对应的数据点对应不同的类别，不同类别的 x 和 y 两种属性的取值范围不同，那么我们可以依据样本数据点划定一条直线作为分类的依据。

针对上述二元变量数据的散点图，我们可以较为直观地观察任意两点之

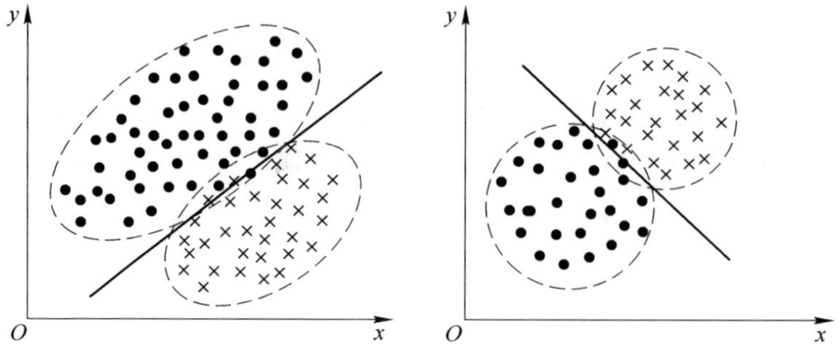

图 1-6　表示数据类别的散点图示例

间的欧氏距离，欧氏距离是一个常用的距离定义，指在 m 维空间中两个点之间的真实距离，或者向量的自然长度（即该点到原点的距离），在二维和三维空间中的欧氏距离就是两点之间的直线距离。欧氏距离在数据分类中应用非常广泛，例如图 1-6 中的两类样本点，每类样本点存在一个质心，样本点到对应质心的欧氏距离则相对较小，欧氏距离在很多分类算法（例如本书第 3 章中的 SVM）中都会用到。

很显然，点（x_1，y_1）和点（x_2，y_2）之间的欧氏距离可以用以下公式求得：

$$\rho = \sqrt{(x_2 - x_1)^2 + (y_2 - y_1)^2}$$

除了点与点之间的距离，我们还会关注点与线之间的距离，如图 1-6 所示，两类样本点可以大致用一条直线区分开来，假设某条直线为 $Ax+By+C=0$，某样本点为（x_0，y_0），那么样本点到直线的几何距离 d 的计算公式为：

$$d = \left| \frac{Ax_0 + By_0 + C}{\sqrt{A^2 + B^2}} \right|$$

拓展到点到三维平面的距离，假设某个平面为 $Ax+By+Cz+D=0$，某样本点为（x_0，y_0，z_0），那么样本点到直线的几何距离 d 的计算公式为：

$$d = \left| \frac{Ax_0 + By_0 + Cz_0 + D}{\sqrt{A^2 + B^2 + C^2}} \right|$$

1.2　概率论基础

概率是反映随机事件出现的可能性大小。例如之前提到的射击案例，在运动员射击之前，射中的环数是随机的，我们可以通过历史统计数据来猜测运动员射中 9 环的概率。在生活中我们随时随地会碰到概率的问题，例如下一班公交车以80%的概率10min后到达，那么我应该提前几分钟出门？

概率论是研究随机现象的统计规律的数学分支，也是机器学习等新兴学科的前置学科。图像识别是机器学习算法应用最为普遍的领域之一，以我们常见的人脸识别为例，通常将实时的人脸信息与信息库中的人脸信息进行打分，根据分数的高低来判断人脸图像内容的相近程度。假设待识别的人为员工甲，我们通过摄像头搜集到员工甲的实时人脸信息，然后针对信息库中每个员工计算其匹配概率，按照概率从大到小排列，我们将概率最大的结果作为人脸识别结果，从而输出对应的员工信息。但是，如果信息库中缺失了员工甲的信息，那么系统还可能以0.05的匹配概率输出员工乙的信息，结果显然是错误的。因此，通常我们还会设置一个概率阈值，例如0.7，当匹配概率大于0.7时才认为人脸识别成功。很显然，概率阈值设置得越低，在不同条件下（例如光线差异、表情差异、肤色差异）识别通过的可能性更大，反之则识别更困难，可能需要多次调整才能识别成功。

概率论相关的知识点较多，本书基于工程师智能化转型需求，仅重点介绍基础的概率计算、概率分布以及正态分布。如需获取更丰富更全面的概率论知识，读者可以参考其他概率论专业书籍[7,9]。

1.2.1 随机变量的概率计算

随机变量是指随机事件的数量表现，例如某一时间内公共汽车站等车乘客人数，客户服务台在一定时间内收到的呼叫次数、灯泡的寿命等，都是随机变量的实例。按照随机变量可能取的值，我们可以将随机变量分为离散型和连续型两类。离散型随机变量即在一定区间内变量取值为有限个或可数个，例如某地区某年人口的出生数和死亡数，某类产品的合格数等。连续型随机变量即在一定区间内变量取值有无限个，或数值无法一一列举出来，例如某地区成人的身高和体重等。

在平常的统计工作中，我们通常会将连续变量离散化，例如就家庭年收入而言，我们不关注每个家庭具体收入是多少，更关注不同收入区间的家庭数量分布，于是，将收入划分为有限个离散区间，包括10万元以下、10万~20万元、20万~30万元等，此时只需要统计各个区间的数量，并结合前面介绍的直方图将数据呈现出来即可。

鉴于实际应用中多数情况是对离散变量进行统计分析，这一小节我们主要介绍离散变量的概率计算，连续变量涉及微积分等相关内容，仅做简要介绍。

例 1.3　每次抛掷硬币的朝向是一个随机变量，把 1 枚硬币连续抛两次，令事件 A 表示“出现 2 个正面”，事件 B 表示“出现 2 个相同的面”，分别求解事件 A 和事件 B 发生的概率。

解：把 1 枚硬币连续抛两次看作一次试验，样本空间为 Ω={正正，正反，反正，反反}，样本空间 Ω 是有限集，每个样本点出现的概率相同，均为 1/4，易得，事件 A 发生的概率为：$P(A)=P${正正}=1/4，事件 B 发生的概率为 $P(B)=P${正正，反反}=2/4。

例 1.4　将一个均匀的骰子连续抛掷两次，事件 A 表示“向上一面的数字之和为 6”，求事件 A 发生的概率 $P(A)$。

错误解法：连续抛掷两次，向上一面数字之和共有 2，3，4，…，12 共 11 种结果，而 A 中所包含其中 1 种结果，即和为 6，故 $P(A) = 1/11$。

发生这样的错误其实是忽略了各个结果发生的概率不一样，例如“向上一面数字之和为 12”只能是两次投掷均为 6 这一种情况，即（6，6），“向上一面数字之和为 11”则包含了（5，6）和（6，5）这两种情况，两类结果的概率明显不同。

正确解法：设基本事件为（i，j），其中 i，j=1，2，…，6。样本空间为 Ω = {(1，1)，(1，2)，…，(1，6)，(2，1)，…，(6，6)}，基本事件的总数为 36，且这些基本事件发生的概率相同，A={(1，5)，(2，4)，(3，3)，(4，2)，(5，1)}，故 $P(A) = 5/36$。

例 1.5　某医院当新生儿诞生时，医生要根据婴儿的皮肤颜色、肌肉弹性、反应的敏感性、心脏的搏动等方面的情况进行评分，新生儿的得分 X 是一个随机变量，取值为 0~10 之间的整数，据以往的资料表明随机变量 X 的概率分布如表 1-2 所示。

表 1-2　新生儿得分概率分布

X	0	1	2	3	4	5
$P(x)$	0.002	0.001	0.002	0.005	0.02	0.04
X	6	7	8	9	10	
$P(x)$	0.18	0.37	0.25	0.12	0.01	

求 X 的数学期望 $E(X)$。

解：数学期望 $E(X)$ 的计算公式为：

$$E(X)=\sum_{x=0}^{10}xP(x)=0\times 0.002+1\times 0.001+2\times 0.002+\cdots+9\times 0.12+10\times 0.01$$
$$=7.15$$

因此，该医院新生儿的平均得分是 7.15 分。

相比 1.1 节中数学期望的计算公式，这里我们采用概率来计算期望，具体公式为：

$$E(X)=\bar{X}=\sum_{i=1}^{n}x_iP(x_i)$$

式中，n 表示所有可能取值的数量，x_i 表示第 i 种取值，$P(x_i)$ 表示取值为 x_i 的概率。采用概率来计算方差的公式为：

$$Var(X)=S^2=\sum_{i=1}^{n}(x_i-\bar{X})^2P(x_i)$$

注意在样本方差的计算公式中，分母为 $n-1$，而对于总体方差而言，分母为 n。一般情况下，概率分布体现了总体的特征，因此这里的方差公式对应的是总体方差。相应的标准差计算公式为：

$$S=\sqrt{\sum_{i=1}^{n}(x_i-\bar{X})^2P(x_i)}$$

用概率来计算常用的数据特征具有以下两个重要意义：（1）数据信息更为直观，随机变量取值对应的概率一目了然；（2）连续变量只能采用概率的方式来计算数字特征，因为连续变量不能像离散变量一样，遍历所有的取值可能，只能通过对概率密度函数的积分计算均值、方差等数字特征，概率密度函数是描述随机变量在某个确定的取值点附近的可能性的函数，随机变量的取值落在某个区域之内的概率则为概率密度函数在这个区域上的积分。

连续变量的均值用 μ 表示，其计算公式为：

$$\mu=\int_a^b f(x)\mathrm{d}x$$

式中，(a,b) 为定义域，$f(x)$ 为概率密度函数。

连续变量的方差用 σ^2 表示，其计算公式为：

$$D(X)=\sigma^2=\int_a^b(x-\mu)^2f(x)\mathrm{d}x$$

连续变量的标准差的计算公式为：

$$\sigma=\sqrt{D(X)}$$

1.2.2　概率分布

我们前面讲到了概率计算的重要意义，但是在实际生活中，获得一个随机变量的完整概率分布是很难的。像前面提到的掷硬币问题，我们可以很轻松地计算出某个简单事件发生的概率，但是如果想了解 N 次掷硬币实验中，1 次，2 次，3 次，…，N 次正面朝上的概率分布，则问题要复杂得多。

首先我们要采用合理的数据描述方法来形象地描述概率分布，在 1.1 节中我们介绍了将数据样本描述为直方图的方法，那么我们也可以将概率分布用直方图表示出来。考虑一个例子，假定步枪射手进行射击。令 X 是命中点与过靶心垂线的水平偏离值，设 X 取值 [-5cm，5cm]。为了计算 X 落在某区间的概率，将区间分为长为 1cm 的小区间，对于每个小区间，以落入的弹孔数除以弹孔总数得到落入某个区间的概率值（或称之为相对频数），对应的概率分布直方图如图 1-7 所示。

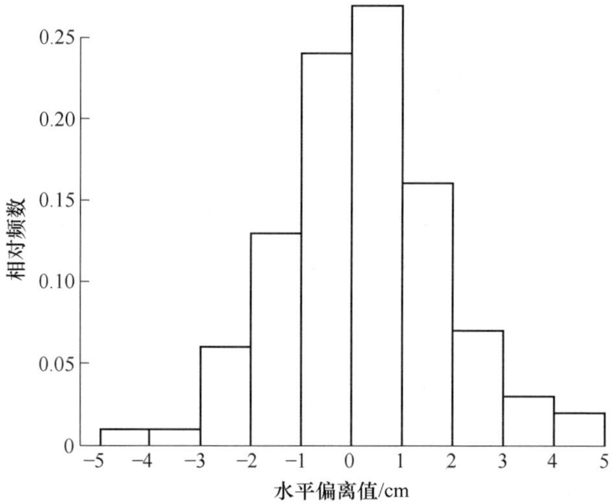

图 1-7　弹孔位点分布图

我们注意到，这里的纵坐标值不再是数量而是相对频数，每个矩形的底等于 1，全部面积为 1。对于这个区间的任一子区间，我们可以根据图 1-7 估计弹孔落在该子区间的概率。例如要估计 $0 \leqslant x \leqslant 2$ 的概率，只要把区间中的两个矩形面积加起来得到：$0.27+0.16=0.43$。再譬如说要估计 $-0.25 \leqslant x \leqslant 1.5$ 中的概率，计算该区间上的面积，结果得到：$0.24/4+0.27+0.16/2=0.41$。

考虑抛硬币的例子，我们将一枚硬币均匀地抛 4 次，正反（1，0）出现的可能性有 16 种（可用从 0000 到 1111 的 16 个二进制数表示），如果实验次数足够多，从理论上说，这 16 种可能性中，正面出现 0，1，2，3，4 次的概率分别是 1/16，4/16，6/16，4/16，1/16。图 1-8 中显示的便是当抛 4 次硬币时，正面朝上的概率分布图。

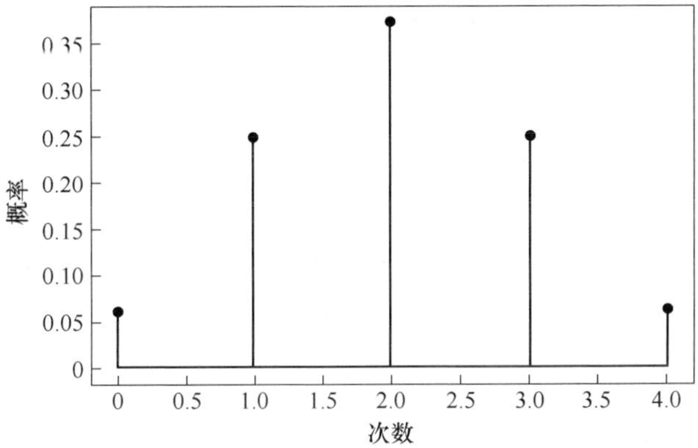

图 1-8 抛 4 次硬币正面朝上的概率分布图

上述的抛硬币实验概率分布是一个典型的二项分布，二项分布是 n 个独立的成功/失败（对应抛硬币实验中的正面/反面）试验中成功的次数的离散概率分布，其中每次试验的成功概率为 p，这样的单次成功/失败试验又称为伯努利试验。在抛硬币实验中，$p=0.5$。

一般地，如果随机变量 X 服从参数为 n 和 p 的二项分布，我们记为 $X \sim B(n, p)$。n 次试验中正好得到 k 次成功的概率由概率质量函数给出：

$$P\{X = k\} = C_n^k p^k (1 - p)^{n-k}$$

式中，C_n^k 为二项式系数，$C_n^k = \frac{n!}{k!(n-k)!}$，表示 n 次实验中有 k 次成功和 $(n-k)$ 次失败的可能情况。

二项分布 $X \sim B(n, p)$ 的均值、方差计算公式分别为：

$$E(X) = np$$

$$D(X) = np(1 - p)$$

1.2.3 正态分布

回到抛硬币实验，抛硬币概率的二项分布图形随着抛掷次数 n 的变化而变化，当实验次数 n 增大，可能的组合排列数也随之增多，如，当 $n=4$ 时，对应于频数（1，4，6，4，1）；当 $n=5$ 时，对应于频数（1，5，10，10，5，1）…然后再依次类推下去。图 1-9 中画出了 $n=5$，20，50 的概率分布图。

观察图 1-9 可知，当 n 足够大时，p 为 0.5 的二项分布逼近一条两头低、中间高、左右对称的钟形曲线，这条曲线所呈现的分布就是我们常说的正态分布。

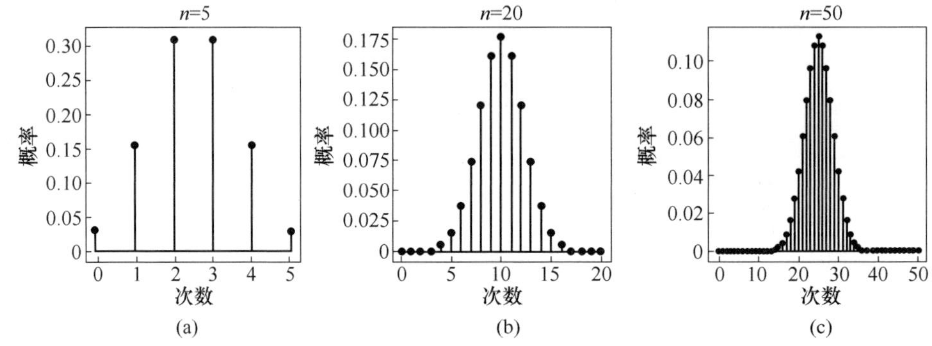

(a)　(b)　(c)

图 1-9　$n=5$，20，50 的二项分布图

正态分布是一个在数学、物理及工程等领域都非常重要的概率分布，在统计学的许多方面有着重大的影响力，主要原因在于中心极限定理。我们之前提到获得一个随机变量的完整概率分布是很难的，而中心极限定理揭示了一个有趣的数学现象，即当实验次数 n 充分大时，随机分量之和近似呈正态分布。

最初的中心极限定理由棣莫弗发现，即上面提到的抛硬币实验，n 趋近无穷且事件 A 出现概率为 1/2 时，二项分布趋于正态分布。随后，法国数学家拉普拉斯证明了 n 趋近无穷时，p 不等于 0.5 的二项分布也趋于正态分布。因此，中心极限定理拓展为：n 趋近无穷时，二项分布趋于正态分布。最后，中心极限定理的条件还推广到了不同分布的随机序列，在一定条件下，各种随意形状概率分布生成的随机变量，它们加在一起的总效应，是符合正态分布的。

中心极限定理在统计学实验中特别有用，因为实际中的随机生物过程、物理过程或社会现象，都不是由一个单独的原因产生的，它们受到各种各样随机因素的影响，然而，中心极限定理告诉我们：无论引起过程的各种效应的基本分布是什么样的，当实验次数 n 充分大时，所有这些随机分量之和近似为一个正态分布的随机变量（见图 1-10）。

联系日常生活中的保险问题，假设有 n 个人投保（n 足够大），赔付概率

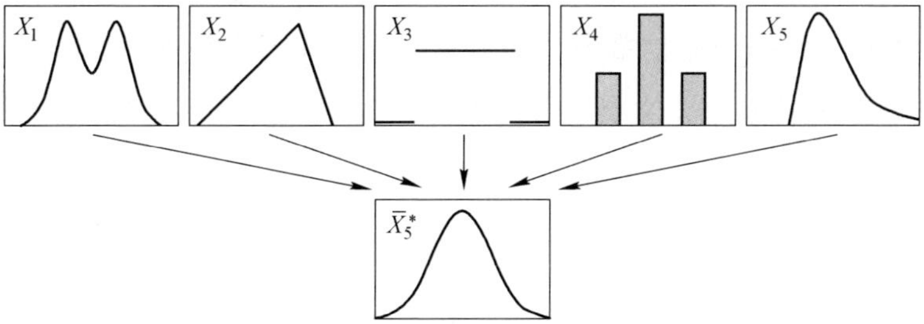

图 1-10 中心极限定理

为 p，根据中心极限定理，可以假设赔付总人数的分布服从正态分布，保险公司可以据此来设置保费从而保证预定的收益率。类似地，中心极限定理还可以应用于设备采购问题，假如单个设备的使用寿命服从某种分布，n 个设备的叠加寿命则服从正态分布，要以 95%的概率保证设备的叠加寿命超过 360 天，应该购买多少台设备，即确定 n 的取值应该是多少。

下面我们给出正态分布的数学描述：若随机变量 X 服从一个数学期望为 μ 、方差为 σ^2 的正态分布，记为 $N(\mu,\ \sigma^2)$ ，其概率密度函数为：

$$f(x)=\frac{1}{\sqrt{2\pi}\,\sigma}\exp\left[-\frac{(x-\mu)^2}{2\sigma^2}\right]$$

期望值 μ 是正态分布的位置参数，描述正态分布的集中趋势位置，如图 1-11 所示。概率规律为取与 μ 邻近的值的概率大，而取离 μ 越远的值的概率小。正态分布以 $X=\mu$ 为对称轴，左右完全对称。正态分布的期望、均数、中位数、众数相同，均等于 μ。

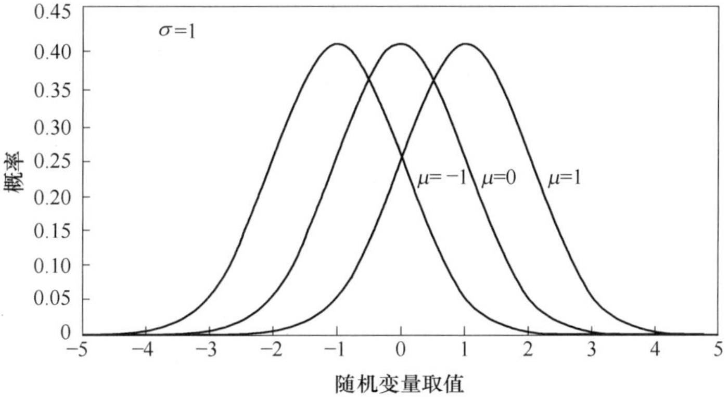

图 1-11 不同均值下的正态分布

标准差 σ 描述正态分布的离散程度，σ 越大，数据分布越分散，曲线越扁平，σ 越小，数据分布越集中，曲线越瘦高，如图 1-12 所示。

$\mu=0$，$\sigma=1$ 时的正态分布称为标准正态分布，即 $N(0,\ 1)$。标准正态分布的概率密度函数为：

$$f(x)=\frac{1}{\sqrt{2\pi}}\exp\left(-\frac{x^2}{2}\right)$$

任意正态分布 $x \sim N(\mu,\ \sigma^2)$ 都可以通过标准化变换为标准正态分布，令 $a=\dfrac{x-\mu}{\sigma}$，则 $a \sim N(0,\ 1)$。

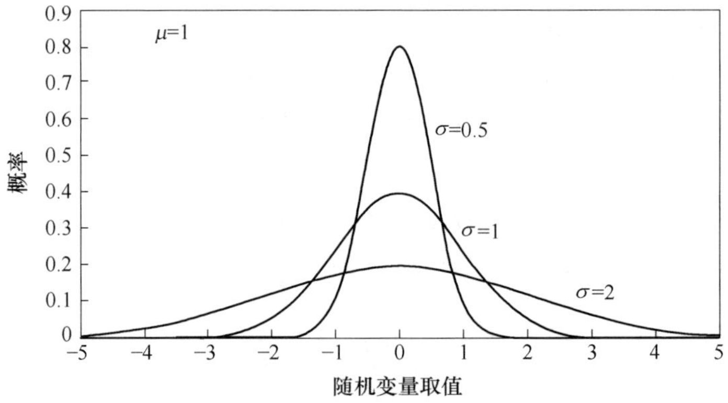

图 1-12　不同标准差下的正态分布

正态曲线下，如图 1-13 所示，横轴区间 $(\mu-\sigma,\ \mu+\sigma)$ 内的面积约为总面积的 68.27%，横轴区间 $(\mu-2\sigma,\ \mu+2\sigma)$ 内的面积约为总面积的 95.45%，横轴区间 $(\mu-3\sigma,\ \mu+3\sigma)$ 内的面积约为总面积的 99.73%。

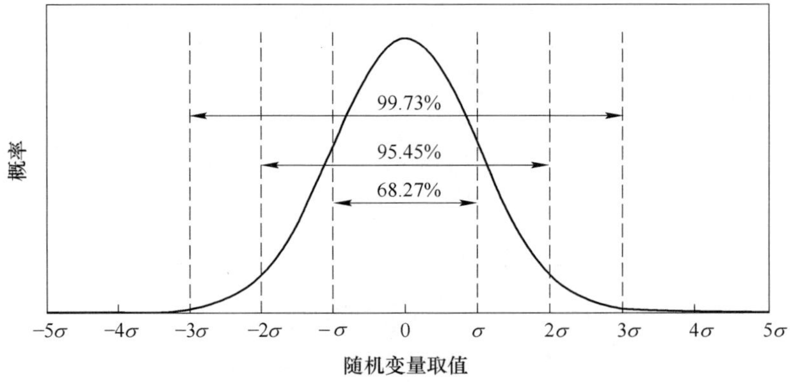

图 1-13　正态曲线的取值区间与面积

落在区间 $(\mu-3\sigma, \mu+3\sigma)$ 以外的概率小于千分之三，在实际问题中常认为相应的事件不会发生，因此，可以把区间 $(\mu-3\sigma, \mu+3\sigma)$ 看作是随机变量 X 实际可能的取值区间，这称之为正态分布的“3σ”原则。

对于产量大，试验次数多的大规模流水线产品，要达到“万无一失”（99.99%）就要取到 4σ（99.9936%），而要达到更高的水平，则需要取 $5\sigma \sim 6\sigma$ 长度的半区间，此时误差是 $0.6\times10^{-6} \sim 0.002\times10^{-6}$。工业生产中质量管理提出的“六西格玛（$6\sigma$）”，一般是指偶然误差和系统误差之和为 6σ，其中偶然误差对应的半区间长度为 4.5σ，约为 3.4×10^{-6}的不良率。一般企业的瑕疵率大约是 3 到 4 个西格玛，以 4 西格玛而言，相当于每一百万个成品里有 6210 个瑕疵品。如果企业达到 6 西格玛，就几近完美地达成顾客要求，在一百万个成品里只有 3.4 个瑕疵品。更多有关六西格玛的知识可参考质量管理相关书籍[5]。

基于正态分布的知识，我们对前面提到的中心极限定理做如下数学定义：

定义 1.3 设随机变量 $X_1, X_2, \cdots, X_n$ 独立同分布，并且具有有限的数学期望 μ 和方差 σ^2，当 n 很大时，随机变量之和 $\sum_{i=1}^{n} X_i$ 近似地服从正态分布 $N(n\mu, n\sigma^2)$，即 $Y_n = \dfrac{\sum_{i=1}^{n} X_i - n\mu}{\sqrt{n}\sigma}$ 近似地服从标准正态分布 $N(0, 1)$。

上述定理对于我们解决实际问题的启示是：只要样本量 n 足够大，便可以把独立同分布的随机变量之和当作正态变量，这种方法在数理统计中应用较为广泛，尤其是当处理大样本时，该定理是非常重要的工具。

2 数据分析与建模

数据分析与建模是现代工业生产中的常用技术，也是本轮智能化的重要方法，广泛应用于生产管理、质量管理、供应链与物流管理、成本管理、自动控制等领域。

大数据应用流程一般覆盖三个层面：数据层、分析层、决策层。数据层属于大数据平台重点关注的内容，包括数据采集、数据处理、数据管理、不同维度和粒度数据的关联和拼接等功能，是数据应用的基座，解决将物理世界数字化的问题；分析层通过统计学以及机器学习等方法，从搜集的数据中分析我们希望发现的规律；决策层则是在分析层挖掘的规律基础上，综合考虑各类限制性因素，通过优化算法实现决策性分析，辅助人类完成最终决策。

以原材料采购决策为例，依次从数据层、分析层和决策层对问题进行分解，得到如图 2-1 所示的解决方案。该案例揭示了三个层面之间的递进关系：只有获取了高完整度高质量的数据，才能够进行有效的分析预测，进而辅助制定更优的决策。

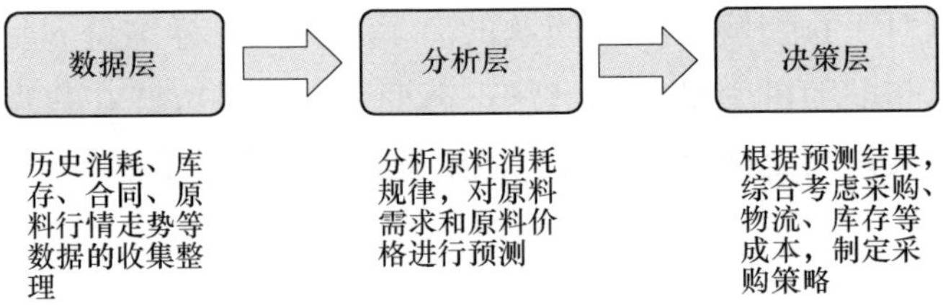

图 2-1　原材料采购决策的解决方案示意图

数据层的工作更多属于信息工程师的范畴，业务工程师不必过多考虑数据收集相关的通信及软件编码技术，主要关注与业务相关的数据收集和整理。分析层的核心是数据建模方法，是指从数据中获取知识、模型、规律的过程和技术，其典型的应用场景包括需求预测、性能预报、质量控制、工艺优化等。决策层的核心是优化建模方法，一般指在满足一定约束条件的基础上，使某种指标达到最优，如使用有限的资源和人力成本，达到最大收益，其目的在于决策，典型的应用场景包括计划排程、采购决策、库存优化、物流调度等。

本章主要介绍面向分析层和决策层的数学建模技术手段，其中一元线性回归、多元线性回归、非线性回归和时间序列分析是有效的数据分析建模方法，优化建模基础中涉及的线性规划、整数规划以及库存论是量化的决策优化建模方法。

2.1　一元线性回归

生产中，一旦我们从机器或系统上获得了确切的数据，这已经是历史数据了，我们可以利用这些历史数据对过去生产活动中的规律进行总结（或称为数据建模），进而基于得到的规律对未来进行预测。**回归模型**就是对过去的规律进行总结并对未来可能出现的情况进行预测的一种有效的数据分析方法。更加具体地来说，我们想要寻找收集来的数据之间有什么样的关联。如我们收集了 100 个学生每个人每天学习的时间和学习成绩两组数据，想要探究学生的成绩是否跟他们的努力程度有关，并找出两者之间关系的具体数学表达式（即回归模型）。然后基于回归模型，如果我们知道某个学生每天学习的时间这个数据后，就能预测这个学生的学习成绩。

在上面的例子中，学习时间这组数据被称为自变量，学习成绩这组数据被称为因变量（因变量通常只有一个），回归得到的数学表达式被称为回归模型。下面我们来具体介绍最为基础的一元线性回归模型。

2.1.1　一元线性回归模型

一元线性回归模型是回归模型中最基本的形式，“一元”是指自变量只有一个的回归模型，“线性”是指因变量与这一个自变量之间存在一次方函数关系。更通俗一点讲，如果把这两个变量分别作为点的横纵坐标，其散点图近似平面上的一条直线，则这两个变量之间的关系就是线性关系。

我们把因变量用 y 表示，自变量用 x 表示，回归模型可以写成如下形式：

$$y = ax + b + u \tag{2-1}$$

其中 a 和 b 是常数，用于表示 x 和 y 之间的线性关系。a 和 b 的值可以基于收集来的数据，通过最小二乘法计算得到，最小二乘法将在下一节详细介绍。u 被称为干扰或误差项，是一个随机变量，假设有良好的概率性质。

2.1.2 一元线性回归的最小二乘法

前面我们提到，在寻找学习成绩是否依赖于学习时间的例子中，学习成绩作为因变量，样本数据里有它的真实值 y，但一元线性回归模型假设我们可以通过式（2-1）计算出一个学习成绩的数值来，这个值被称为估计值 y'，估计值与真实值之间的差距被称为误差 u。真实值、估计值和误差之间的数学关系式可以表示为：

$$y = y' + u$$

我们收集到的真实值是过去已知的数据，但当我们需要预测未来时，我们没有办法获得真实值，只能通过已知的数据（自变量）和回归模型去计算出一个估计值。估计值与真实值是非常有可能存在差距的，也就是误差。如图 2-2 所示，目前我们有 n 个真实值样本，在坐标图中对应 n 个离散点，样本点 i 的估计值用线性方程 $y'_i = ax_i + b$ 求解得到，那么对于样本点 i 而言，误差为 $u_i = y_i - y'_i$。

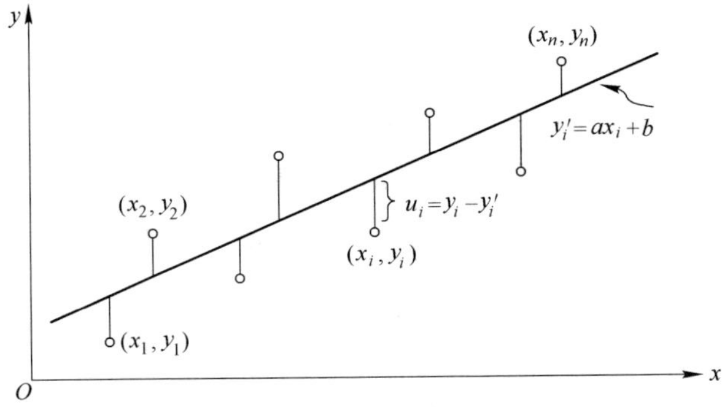

图 2-2　一元线性回归的最小二乘估计示意图

基于过去已知的数据，我们当然希望所有样本点的误差越小越好，这就是最小二乘法的基本原理。最小二乘法（又称最小平方法）是一种寻找最佳模型来预测因变量 y 的数学技术，它通过最小化误差的平方和来寻找因变量和自变量之间的最佳函数关系式。

利用最小二乘的原理，就可以简便地求得式（2-1）中常数 a 和 b 的值，并使得估计值与真实值之间误差的平方和最小。最小二乘法求解一元线性回归方程中 a 和 b 的步骤如下：

（1）计算误差的平方和：

$$Q(a,\ b) = \sum_{i=1}^{n} (y_i - y_i')^2 = \sum_{i=1}^{n} [y_i - (ax_i + b)]^2$$

（2）要使 Q 的取值最小，需要对 a 和 b 求一阶偏导数，并且令偏导数为0，即：

$$\frac{\partial Q}{\partial a} = 2\sum_{i=1}^{n} x_i(ax_i + b - y_i) = 0$$

$$\frac{\partial Q}{\partial b} = 2\sum_{i=1}^{n} (ax_i + b - y_i) = 0$$

（3）求解上述方程组，得到 a 和 b 的表达式为：

$$a = \frac{n\sum_{i=1}^{n} x_i y_i - \sum_{i=1}^{n} x_i \sum_{i=1}^{n} y_i}{n\sum_{i=1}^{n} x_i^2 - \left(\sum_{i=1}^{n} x_i\right)^2} \tag{2-2}$$

$$b = \frac{\sum_{i=1}^{n} y_i}{n} - a\frac{\sum_{i=1}^{n} x_i}{n} \tag{2-3}$$

例 2.1 最小二乘法案例

研究某化学反应过程中温度对产品收得率的影响，测得数据如表 2-1 所示。

表 2-1 温度与产品收得率数据统计

温度/℃	100	110	120	130	140	150	160	170	180	190
收得率/%	45	51	54	61	66	70	74	78	85	89

采用一元线性方程描述温度与产品收得率之间的关系，并采用最小二乘法求解该一元线性回归方程的系数。

解：上述数据可以用如图 2-3 所示的散点图表示，相邻点之间用线段连接。温度和产品收得率的关系近似为一条直线，可用一元线性回归来拟合，自变量为温度 x，因变量为产品收得率 y'，且 $y' = ax + b$。将上述 10 个数据代入式（2-2）和式（2-3），得到 $a=0.483$，$b=-2.739$。

原始数据 y 和拟合数据 y' 的对比如图 2-4 所示，实心圆点为原始数据点，直线为一元线性回归拟合效果。案例 Python 源代码见附录 1。有关一元线性回归的工业应用，读者还可参考附录 2 中的宝钢案例 1 和案例 2。

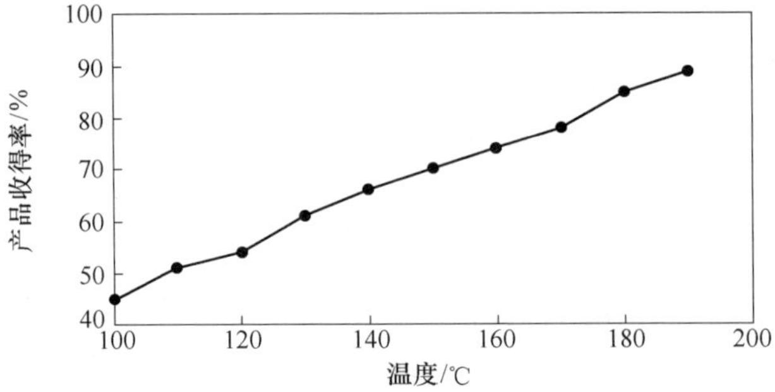

图 2-3　某化学反应过程温度与产品收得率散点图

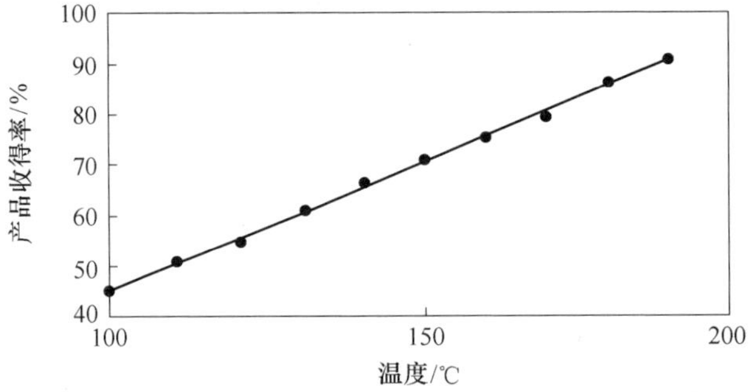

图 2-4　某化学反应过程温度与产品收得率拟合图

2.1.3　一元线性回归方程的检验

样本里的真实值和估计值之间往往存在差异，需要通过一些计算对模型的拟合程度进行测度，估计值与真实值越接近，模型拟合得越好，也就说明回归模型越优秀。

我们把所有因变量真实值和真实值的平均值之间差异的平方和称为总平方和（total sum of squares，TSS），可以根据定义进行计算：

$$TSS = \sum_{i=1}^{n}(y_i - \bar{y})^2$$

式中，i 为第 i 个样本，计算总平方和是要把所有的样本都考虑进去，这样可以测度样本中各个因变量真实值的分散程度。

解释平方和（explained sum of squares，ESS）用来测量因变量估计值与估计值的平均值之间差异的平方和，表示各个因变量估计值的分散程度，可以根据定义进行计算：

$$ESS = \sum_{i=1}^{n} (y_i' - \bar{y}')^2$$

残差平方和（residual sum of squares，RSS）用来测量因变量估计值与实际值之间差异的平方和，也就是前面提到的误差 u 的平方和，表示围绕真实值未被解释的差异，可以根据定义进行计算：

$$RSS = \sum_{i=1}^{n} u_i^2$$

式中，u_i 为误差 u 在第 i 个样本中的数值。

总平方和、解释平方和以及残差平方和三者之间满足如下数学关系：

$$TSS = ESS + RSS$$

这就说明因变量真实值与其平均值之间的差异，可以用估计值与其平均值之间的差异以及误差 u 来共同解释。

如前面分析的那样，我们希望模型造成的误差 u 越小越好，也就是希望解释平方和（ESS）占总平方和（TSS）的比例越高越好，而残差平方和（RSS）占总平方和（TSS）的比例越低越好。于是我们将 ESS 与 TSS 相除，得到一个比例，我们称为判定系数 r^2。

$$r^2 = \frac{ESS}{TSS} = 1 - \frac{RSS}{TSS}$$

我们需要注意的是判定系数 r^2 是一个在 0 到 1 之间的常数（包括 0 和 1），当值为 1 时说明模型完美拟合，估计值与真实值之间不存在误差，当值为 0 时说明误差很大，因变量和自变量之间没有线性相关关系。绝大多数情况下，判定系数的值大于 0，小于 1，而不是正好等于 0 或 1，数值越大说明模型的拟合效果越好。

2.1.4 数据异常点对建模的影响

数据建模的精度是不是越高越好？可能绝大多数人的回答是肯定的，认为精度一定是越高越好，但遗憾的是，事实却并非如此，假如数据中含有噪声或异常点，那么高精度反而会带来高偏差，接下来通过一个案例来简要说明。

以附录 2 中的宝钢案例 1 为例，采用最小二乘法对锌耗进行一元线性回归分析，如果数据中不包含噪声，则回归情况如图 2-5 所示。

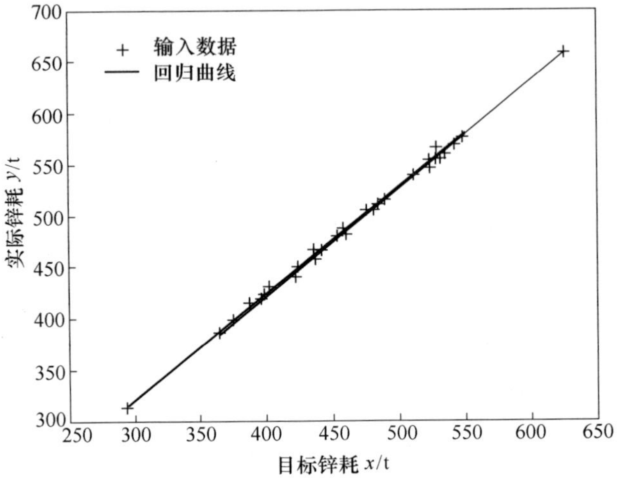

图 2-5　目标锌耗与实际锌耗的线性回归

假如数据中加入两个异常数据，经过一元线性回归，得到如图 2-6 的结果。从图中可以看出，为了降低两个异常点的拟合误差，回归曲线产生了较大幅度的偏转，导致其他多数数据点的误差变大，说明少数异常数据会对整个回归产生非常大的影响。这个案例说明了建模中要重点关注的两个问题：(1)“垃圾进，垃圾出”，如果数据中包含垃圾数据，那么即使使用再好的模型再精妙的算法，得到的也会是垃圾结论；(2) 数据预处理很重要，在建模之前，一定要想办法将异常数据识别并去除，这点再怎么强调都不为过。

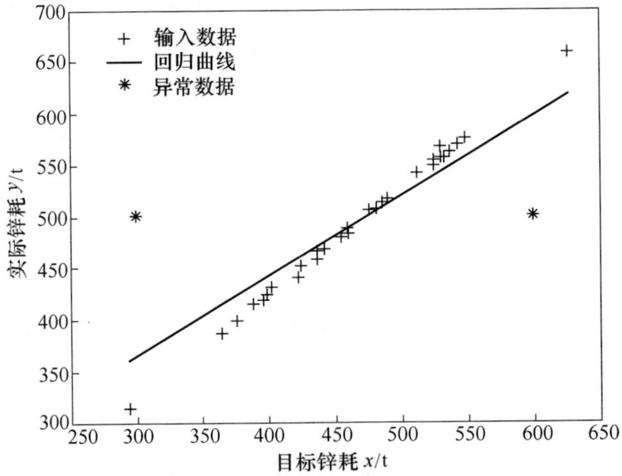

图 2-6　数据异常点对回归的影响

值得一提的是，以上的结论具有普适性，并不限于线性回归等数据分析方法，对于机器学习、神经网络等人工智能算法也适用。

2.2 多元线性回归

2.2.1 多元线性回归模型

在线性回归中，如果有两个或两个以上的自变量，就称为多元线性回归。事实上，一种现象常常是与多个因素相联系的，由多个自变量的最优组合共同来预测或估计因变量，比只用一个自变量进行预测或估计更有效，更符合实际。因此多元线性回归比一元线性回归的实用意义更大。

一个例子是房价的影响因素，包括地段、房屋面积、小区环境等。这里房价是因变量，地段、房屋面积、小区环境等都是自变量，很明显这里存在多个自变量，能够比单一的自变量更好地刻画房价的变化原因。总的来说，各种生产生活现象的变化往往受到多个因素的影响，因此，一般要进行多元回归分析。

多元线性回归的基本原理和计算过程与一元线性回归相似，但由于自变量个数多，计算相对复杂，一般在实际中应用时都要借助统计软件。这里只介绍多元线性回归的一些基本概念。

由于各个自变量的单位可能不一样，如我们刚刚提到的房价的例子，地段、房屋面积、小区环境等都是自变量，是房价的潜在影响因素，但这些自变量的单位显然是不同的，因此自变量对应系数的大小并不能说明该因素的重要程度，更简单地来说，同样房价，如果用 m^2 为单位就比用 cm^2 为单位所得的回归系数要小，但是对房价影响程度并没有变，所以得想办法将各个自变量转化到统一的单位上来。

我们可以通过标准化解决这个问题，把自变量的值减去均值并除以标准差即可，公式如下：

$$\tilde{x}_i = \frac{x_i - \bar{x}}{\sigma_x}$$

同样地我们可以也对因变量标准化，以保证自变量和因变量的度量单位一致：

$$\tilde{y}_i = \frac{y_i - \bar{y}}{\sigma_y}$$

当我们将变量标准化后，再进行线性回归，此时得到的回归系数就能反映对应自变量的重要程度。这时的回归方程称为标准回归方程，回归系数称为标准回归系数，表示如下：

$$y = \beta_0 + \beta_1 x_1 + \beta_2 x_2 + \cdots + \beta_n x_n + u$$

式中，β_i 为常数，用于表示 x_i 和 y 之间的线性关系。与一元线性回归模型类似，β_i 是基于收集来的数据，通过最小二乘法计算得到，u 是干扰或误差项，是一个随机变量，具有良好的概率性质。

2.2.2 多元线性回归的最小二乘法

对于多元线性回归模型同样可以采用最小二乘法进行回归分析。假设有 N 个样本，n 个自变量，N 个样本对应的多元线性回归预测值为：

$$\begin{gathered} y_1' = \beta_0 + \beta_1 x_{11} + \beta_2 x_{12} + \cdots + \beta_n x_{1n} \\ y_2' = \beta_0 + \beta_1 x_{21} + \beta_2 x_{22} + \cdots + \beta_n x_{2n} \\ \vdots \\ y_N' = \beta_0 + \beta_1 x_{N1} + \beta_2 x_{N2} + \cdots + \beta_n x_{Nn} \end{gathered}$$

N 个样本对应的回归预测误差为：

$$\begin{gathered} u_1 = y_1 - y_1' \\ u_2 = y_2 - y_2' \\ \vdots \\ u_N = y_N - y_N' \end{gathered}$$

定义以下向量矩阵：

$$\boldsymbol{Y} = [y_1 \quad y_2 \quad \cdots \quad y_N]$$

$$\boldsymbol{X} = \begin{bmatrix} 1 & 1 & \cdots & 1 \\ x_{11} & x_{21} & \cdots & x_{N1} \\ x_{12} & x_{22} & \cdots & x_{N2} \\ \vdots & \vdots & \ddots & \vdots \\ x_{1n} & x_{2n} & \cdots & x_{Nn} \end{bmatrix}$$

$$\boldsymbol{\beta} = [\beta_0 \quad \beta_1 \quad \beta_2 \quad \cdots \quad \beta_n]^{\mathrm{T}}$$

$$\boldsymbol{u} = [u_1 \quad u_2 \quad \cdots \quad u_N]$$

则回归方程及回归预测误差可表示为：

$$\boldsymbol{Y} = \boldsymbol{\beta}^{\mathrm{T}} \boldsymbol{X} + \boldsymbol{u}$$

为求取 $\boldsymbol{\beta}$ 的最佳估计 $\hat{\boldsymbol{\beta}}^*$，运用最小二乘原理，即回归预测误差的平方和最小：

$$\min_{\hat{\boldsymbol{\beta}}} J(\hat{\boldsymbol{\beta}}) = \min_{\hat{\boldsymbol{\beta}}} \sum_{i=1}^{N} u_i^2 = \min_{\hat{\boldsymbol{\beta}}} \sum_{i=1}^{N} (y_i - y_i')^2$$

式中，$\hat{\boldsymbol{\beta}}$ 为 $\boldsymbol{\beta}$ 的某一个估计。将 $J(\hat{\boldsymbol{\beta}})$ 对 $\hat{\beta}_0$，$\hat{\beta}_1$，$\hat{\beta}_2$，…，$\hat{\beta}_n$ 求偏导数，令诸偏导数为 0，并将 N 个样本值代入，可得方程

$$\boldsymbol{A}\hat{\boldsymbol{\beta}}\big|_{\hat{\boldsymbol{\beta}}=\hat{\boldsymbol{\beta}}^*} = \boldsymbol{B}$$

其中

$$\boldsymbol{A} = \begin{bmatrix} N & \sum_{i=1}^{N} x_{i1} & \sum_{i=1}^{N} x_{i2} & \cdots & \sum_{i=1}^{N} x_{in} \\ \sum_{i=1}^{N} x_{i1} & \sum_{i=1}^{N} x_{i1}^2 & \sum_{i=1}^{N} x_{i1}x_{i2} & \cdots & \sum_{i=1}^{N} x_{i1}x_{in} \\ \vdots & \vdots & \vdots & \ddots & \vdots \\ \sum_{i=1}^{N} x_{in} & \sum_{i=1}^{N} x_{i1}x_{in} & \sum_{i=1}^{N} x_{i2}x_{in} & \cdots & \sum_{i=1}^{N} x_{in}^2 \end{bmatrix}$$

$$\boldsymbol{B} = \begin{bmatrix} \sum_{i=1}^{N} y_i & \sum_{i=1}^{N} x_{i1}y_i & \cdots & \sum_{i=1}^{N} x_{in}y_i \end{bmatrix}^{\mathrm{T}}$$

$$\hat{\boldsymbol{\beta}} = [\hat{\beta}_0 \quad \hat{\beta}_1 \quad \hat{\beta}_2 \quad \cdots \quad \hat{\beta}_n]^{\mathrm{T}}$$

观察上面的矩阵形式，可知 $\boldsymbol{A} = \boldsymbol{X}\boldsymbol{X}^{\mathrm{T}}$，$\boldsymbol{B} = \boldsymbol{X}\boldsymbol{Y}^{\mathrm{T}}$，于是式 $\boldsymbol{A}\hat{\boldsymbol{\beta}}\big|_{\hat{\boldsymbol{\beta}}=\hat{\boldsymbol{\beta}}^*} = \boldsymbol{B}$ 可以进一步转化为：

$$(\boldsymbol{X}\boldsymbol{X}^{\mathrm{T}})\hat{\boldsymbol{\beta}}^* = \boldsymbol{X}\boldsymbol{Y}^{\mathrm{T}}$$

在 $(\boldsymbol{X}\boldsymbol{X}^{\mathrm{T}})$ 满秩的条件下，存在逆矩阵 $(\boldsymbol{X}\boldsymbol{X}^{\mathrm{T}})^{-1}$，可以直接得到关于样本的最佳估计 $\hat{\boldsymbol{\beta}}^*$ 的表达式：

$$\hat{\boldsymbol{\beta}}^* = (\boldsymbol{X}\boldsymbol{X}^{\mathrm{T}})^{-1}(\boldsymbol{X}\boldsymbol{Y}^{\mathrm{T}})$$

上式则是多元线性回归模型 $\boldsymbol{Y} = \boldsymbol{\beta}^{\mathrm{T}}\boldsymbol{X} + \boldsymbol{u}$ 中参数 $\boldsymbol{\beta}$ 的最小二乘估计。

2.2.3 概率视角：最大似然估计法

最小二乘法是从代数视角去求解多元线性回归问题的，其出发点是认为最合理的参数估计量应该使得模型能最好地拟合样本数据，也就是估计值与观测值之差的平方和最小。本节将从概率视角，介绍多元线性回归问题的另

外一种求解方法：最大似然估计法是指利用已有的样本信息，去推断以最大概率导致这些样本出现的总体分布的模型参数，即解决样本已知，模型结构已定，模型参数未知的推论统计问题。其出发点是认为最合理的参数估计量应该使 N 组样本数据出现的概率最大，也就是说使得似然函数达到最大。

在 2.2.1 小节中，我们提到误差项 u 是一个随机变量，具有良好的概率性质，其良好性体现在 u 服从正态分布，即 $u \sim N(0, \sigma^2)$，如图 2-7 所示。

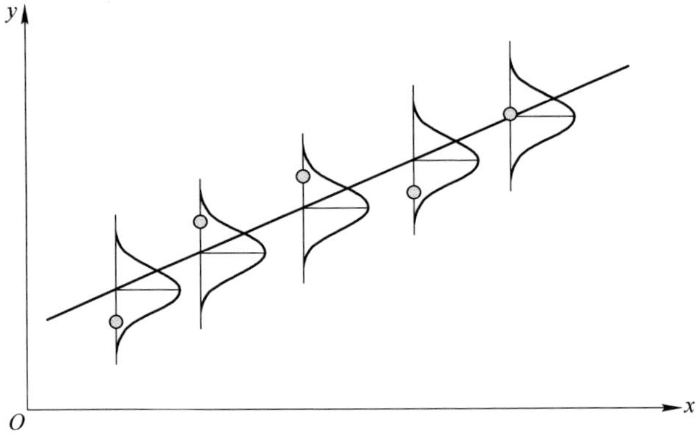

图 2-7　误差项 u 服从正态分布示意图

如果 $u \sim N(0, \sigma^2)$，意味着 $y_i \sim N(\boldsymbol{\beta}^{\mathrm{T}} x_i, \sigma^2)$，由于 y_i 是相互独立的，所以所有样本数据的联合概率，即似然函数为：

$$L(\boldsymbol{\beta}) = \prod_{i=1}^{N} \frac{1}{\sqrt{2\pi}\,\sigma} \exp\left(-\frac{y_i - \boldsymbol{\beta}^{\mathrm{T}} x_i}{2\sigma^2}\right)$$

对似然函数两边取对数，得到对数似然函数：

$$\ln L(\boldsymbol{\beta}) = N \ln \frac{1}{\sqrt{2\pi}\,\sigma} - \frac{1}{2\sigma^2} \sum_{i=1}^{N} (y_i - \boldsymbol{\beta}^{\mathrm{T}} x_i)^2$$

最大化对数似然函数，等价于下式：

$$\min_{\hat{\boldsymbol{\beta}}} J(\hat{\boldsymbol{\beta}}) = \min_{\hat{\boldsymbol{\beta}}} \sum_{i=1}^{N} (y_i - \boldsymbol{\beta}^{\mathrm{T}} x_i)^2 = \min_{\hat{\boldsymbol{\beta}}} \sum_{i=1}^{N} u_i^2$$

从上式可以看出，在满足独立同分布且服从正态分布的前提下，最大似然估计与最小二乘的优化目标相同，说明两者是等价的，这也给我们一个启示，很多数学方法即使出发点和视角不同，但针对同一个问题，往往会得到相同的结论，也就是所谓的殊途同归，条条大道通罗马。

2.2.4　多元线性回归方程的检验

多元线性回归模型与一元线性回归模型一样，在得到参数的最小二乘估计值后，也需要进行必要的检验与评价，以决定模型是否可以应用。

与一元线性回归模型的检验类似，总平方和、解释平方和以及残差平方和三者之间满足如下数学关系：

$$TSS - ESS + RSS$$

如前面分析的那样，我们希望模型造成的误差 u 越小越好，也就是希望解释平方和（ESS）占总平方和（TSS）的比例越高越好，而残差平方和（RSS）占总平方和（TSS）的比例越低越好。于是我们将 ESS 与 TSS 相除，得到一个比例，我们称为判定系数 r^2。

$$r^2 = \frac{ESS}{TSS} = 1 - \frac{RSS}{TSS}$$

对于多元线性回归模型来说，在一般情况下，自变量越多，模型的解释性越好。但我们不能无穷无尽地加毫不相关的自变量，这样的模型没有实际意义。因此我们需要对判定系数进行调整，以剔除变量个数对拟合优度的影响：

$$\bar{r}^2 = 1 - \frac{RSS/(N - n - 1)}{TSS/(N - 1)}$$

式中，N 为样本数量，n 为变量个数。与一元线性回归相同的是，判定系数 $\bar{r}^2$ 是一个在 0 到 1 之间的常数（包括 0 和 1），当值为 1 时说明模型完美拟合，估计值与真实值之间不存在误差，当值为 0 时说明误差很大，因变量和自变量之间没有线性相关关系。绝大多数情况下，判定系数的值大于 0，小于 1，而不是正好等于 0 或 1，数值越大说明模型的拟合效果越好。

例 2.2　多元线性回归案例

为了研究某公司员工薪酬与工作时间、业务量的关系，统计 10 位员工的数据如表 2-2 所示。

表 2-2　某公司员工薪酬数据统计

员工 ID	工作时间/h	业务量/个	薪酬/元
1	100	4	9300
2	50	3	4800

续表 2-2

员工 ID	工作时间/h	业务量/个	薪酬/元
3	100	4	8900
4	100	2	6500
5	50	2	4200
6	80	2	6200
7	75	3	7400
8	65	4	6000
9	90	3	7600
10	90	2	6100

采用多元线性回归来描述工作时间、业务量与薪酬的关系。

解：多元线性回归是一元线性回归的推广，二者本质上都是基于最小二乘法的线性回归。

与一元线性回归类似，工作时间、业务量与薪酬的关系可以用二元线性方程近似，自变量为工作时间 x_1、业务量 x_2，因变量为薪酬 y，且 $y = \beta_0 + \beta_1 x_1 + \beta_2 x_2 + u$。

本例使用 sklearn 库提供的 LinearRegression 模块进行多元线性回归，由 LinearRegression 模块提供的 fit( ) 方法，对数据进行拟合，最终得到回归系数为 61. 14、923. 42，截距为–868. 70。故回归方程为：

$$y' = -868.70 + 61.14x_1 + 923.43x_2$$

由 metrics 模块中提供的 mean_squared_error( ) 方法，计算出拟合值和真实值的均方误差为 479. 53。

案例 Python 源代码见附录 1。拟合值和真实值的对比如图 2-8 所示。

2.2.5 含虚拟变量的回归方法

前面介绍的模型和方法主要针对的是数值变量，这类变量可以直接进行各种数值计算，但现实数据中包含大量名义尺度变量，该类变量往往表征某种属性，不能比较大小，如性别、国籍、肤色所对应的变量等，如何用数值表示呢？这时，我们就需要在模型中引入虚拟变量来解决这个问题。

虚拟变量又称哑变量，是自变量的一种，一般用于表示分类型数据，通常取值为 0 或 1。引入虚拟变量可以使得模型很好地处理名义尺度数据，更加

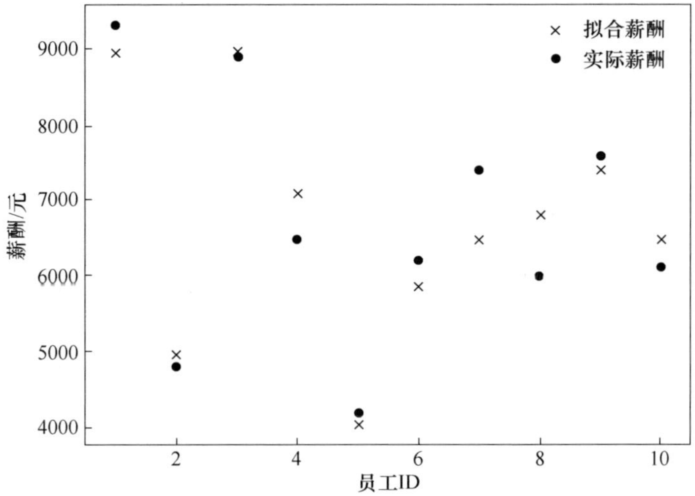

图 2-8　某公司员工薪酬数据拟合效果

灵活地模拟现实情况。例如当我们考虑文化程度对工资的影响时，可以引入虚拟变量表示文化程度，当调查对象为本科学历及以上时我们将虚拟变量的值定为 1，其他情况定为 0，由于文化程度很难用数值型数据表示，引入虚拟变量可以有效解决这一问题。

将虚拟变量加入模型中有两种方式，一种是加法方式，另一种是乘法方式：

$$y = \beta_0 + \beta_1 x + \beta_2 D + u$$

$$y = \beta_0 + (\beta_1 + \beta_2 D)x + u$$

上面两个公式以一元线性回归方程举例，D 是一个引入的虚拟变量，当 D 的值取 1 或 0 时使得回归模型可以表示一个有两个类型的名义尺度变量。第一种加法方式相当于改变直线的截距，第二种乘法方式相当于改变直线的斜率。

例 2.3　多元线性回归（含虚拟变量）案例

一般来说员工学历会对薪酬产生一定的影响，针对例 2.2 中的问题，我们再添加 10 位员工的学历数据如表 2-3 所示。采用多元线性回归（含虚拟变量）描述工作时间、业务量、学历与薪酬的关系，研究其变化趋势。

解： 虚拟变量用以反映无法定量度量的因素，例如性别对收入的影响，性别这个自变量就无法定量度量，因此需要通过构建虚拟变量来解决，通常取值为 0 或 1。

表 2-3 某公司员工薪酬数据统计（含虚拟变量）

员工 ID	工作时间/h	业务量/个	学历	薪酬/元
1	100	4	博士	9300
2	50	3	硕士	4800
3	100	4	博士	8900
4	100	2	本科	6500
5	50	2	本科	4200
6	80	2	博士	6200
7	75	3	博士	7400
8	65	4	硕士	6000
9	90	2	硕士	7600
10	90	2	本科	6100

本题中，自变量“学历”属于类别变量，无法定量度量，它含有三个因子特征，因此可以将其转化为三列每列都只有 0、1 构成的向量，这样的向量就是虚拟变量。

在 python 中可以通过 pandas 库的 get _ dummies( ) 方法把类别变量转换为虚拟变量，添加虚拟变量后的数据如表 2-4 所示。

表 2-4 员工学历虚拟变量数据转换

员工 ID	工作时间/h	业务量/个	学历	博士	硕士	本科	薪酬/元
1	100	4	博士	1	0	0	9300
2	50	3	硕士	0	1	0	4800
3	100	4	博士	1	0	0	8900
4	100	2	本科	0	0	1	6500
5	50	2	本科	0	0	1	4200
6	80	2	博士	1	0	0	6200
7	75	3	博士	1	0	0	7400
8	65	4	硕士	0	1	0	6000
9	90	3	硕士	0	1	0	7600
10	90	2	本科	0	0	1	6100

接下来的步骤类似于例 2.2，使用 LinearRegression 进行多元线性回归。由 LinearRegression 模块提供的 fit( ) 方法，对数据进行拟合，拟合值和真实值的对比如图 2-9 所示。案例 Python 源代码见附录 1。

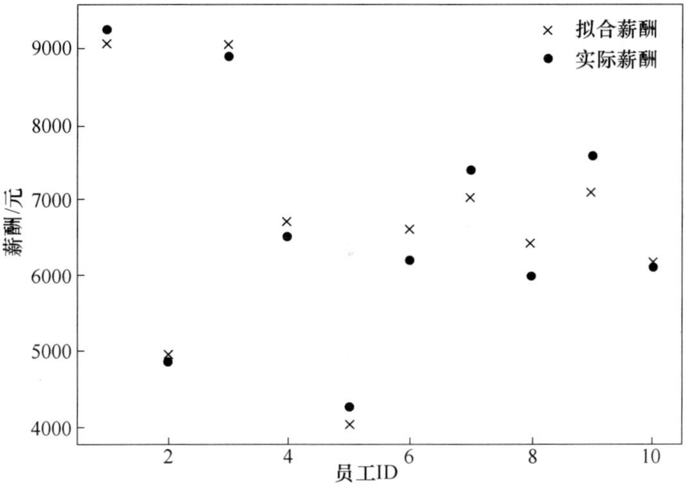

图 2-9 某公司员工薪酬数据拟合效果（含虚拟变量）

最终得到回归系数为55，695，582，–166，–416，截距为209。故回归方程为：

$$y' = 209 + 55x_1 + 695x_2 + 582x_3 - 166x_4 - 416x_5$$

式中，x_1，x_2 表示工作时间、业务量。x_3，x_4，x_5是学历的虚拟变量。拟合值和真实值的均方误差为 304.26，相比例 2.2 显著减少，说明增加学历信息能够使得预测更为准确。

2.3 非线性回归

生产生活中，变量之间满足线性关系的情况是少数，更多的是非线性关系。例如野兔在自由环境繁殖时，野兔数量与时间之间不能用线性模型来描述，根据经验一般呈现为指数关系。还有血中药物浓度和时间曲线也很难用线性关系解释，具体来说，药物进入血液后不可能马上见效，也许在血液中逐步或者突然见效，然后逐步或者突然减少。这就需要引入非线性回归。

非线性回归是函数模型中自变量具有非线性结构的回归。遇到非线性回归问题，可以借助数学手段将非线性回归转化为线性回归，再按照线性回归求解，我们称之为线性化，也可以直接进行非线性回归分析。本小节将介绍多项式回归、函数变换回归、分段线性化回归和直接非线性回归，前三种方法涉及将非线性回归转化为线性回归的技术手段，在实际工程问题中具有广泛的应用。

2.3.1　多项式回归

在数学中，多项式是指由变量、系数以及它们之间的加、减、乘、幂运算（非负整数次方）得到的表达式。多项式中的每个单项式叫做多项式的项，这些单项式中的最高项次数，就是这个多项式的次数。其中多项式中不含字母的项叫做常数项。

多项式回归，是指回归函数中自变量为多项式形式的回归。由于任一函数都可以用多项式逼近，因此多项式回归有着广泛应用。多项式回归模型常见的有如下两种形式，一元 n 次多项式回归方程和二元二次多项式回归方程：

$$y = b_0 + b_1x + b_2x^2 + \cdots + b_nx^n + u$$

$$y = b_0 + b_1x_1 + b_2x_2 + b_3x_1^2 + b_4x_2^2 + b_5x_1x_2 + u$$

我们如何得到这些方程的系数值呢？这里需要用到数学中的化归思想，即把一个新问题转化为一个已知解法的问题。例如在上面第一个方程式中，我们可以将 x 理解为一个特征，将 x^2 理解为另外一个特征，以此类推，一共就有 n 个特征。换句话说，本来我们收集来的样本只有一个特征 x，现在我们把它看成有 n 个特征的一个数据集。这个式子一方面是一个一元多项式模型，但是从另一个角度来看，它就是一个多元一次回归模型。以一元 n 次多项式回归方程为例，令 $t_1=x$，$t_2=x^2$，…，$t_n=x^n$，则多项式方程转化为 y 关于 n 个变量（t_1，t_2，…，t_n）的多元线性回归方程：

$$y = b_0 + b_1t_1 + b_2t_2 + \cdots + b_nt_n + u$$

对于前面的二元二次多项式回归方程，也可以采用同样的手段将其转化为多元线性回归方程。这样，我们就可以用处理多元线性回归的方法对多项式回归模型进行研究，使用最小二乘法对模型的系数进行计算，并使用判定系数对模型进行评估，这里不再赘述。

多项式回归的最大优点就是可以通过增加自变量 x 的高次项对实测点进行逼近，直至满意为止。事实上，多项式回归可以处理很多非线性问题，它在回归分析中占有重要的地位，因为任一函数都可以用多项式来逼近。因此，在通常的实际问题中，不论因变量与其他自变量的关系如何，我们总可以用多项式回归来进行分析。但是随着高次项的增加，又会带来过拟合的问题，表现形式是样本点的拟合精度高，但对非样本点的预测精度变差。关于过拟合的问题我们在神经网络一节会进行简单介绍，这里不再展开。

例 2.4 多项式回归案例

某钢厂的 A 产品近十年的年产量如表 2-5 所示。

表 2-5 某钢厂 A 产品年产量数据统计

第 n 年	1	2	3	4	5	6	7	8	9	10
年产量/万吨	45	50	60	80	110	150	200	300	500	1000

采用多项式回归来描述年产量与时间的关系，研究其变化趋势。

解： 本题中的数据可以用如图 2-10 所示散点图表示。根据点分布，年产量趋势显然不能用线性回归拟合，故考虑用多项式回归拟合。

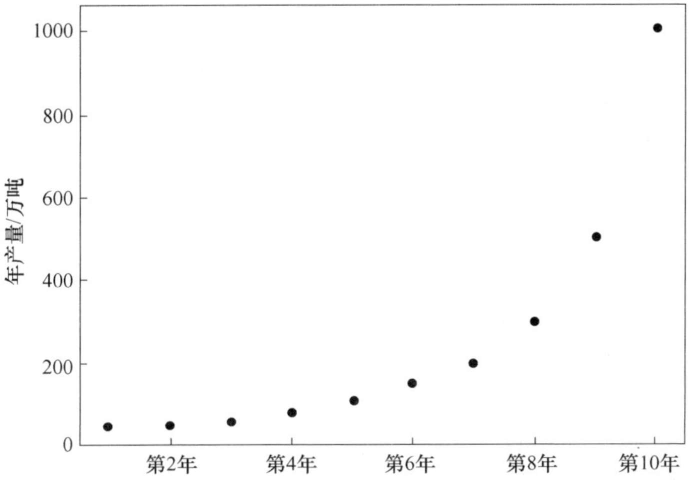

图 2-10 某钢厂 A 产品年产量散点图

本例中，首先使用 sklearn 库提供的 PolynomialFeatures( ) 方法产生多项式特征矩阵：

$$\begin{bmatrix} 1 & 1 & 1 \\ 2 & 4 & 8 \\ \vdots & \vdots & \vdots \\ 10 & 100 & 1000 \end{bmatrix}$$

接下来的步骤类似于例 2.1，设自变量为年份 x，因变量为年产量 y'，且 $y' = a_0 + a_1 x + a_2 x^2 + a_3 x^3 + \cdots + a_n x^n$。调用 LinearRegression( ) 方法进行一元三次多项式回归（二次回归效果不佳）。最终得到多项式回归系数 a_1，a_2，a_3 为 180. 664，–48. 549，4. 120，截距 a_0 为 −121. 333。回归方程为：

$$y' = -121.333 + 180.664x - 48.549x^2 + 4.120x^3$$

案例 Python 源代码见附录 1。多项式方程的拟合效果曲线如图 2-11 所示，其中圆点为原始数据点。

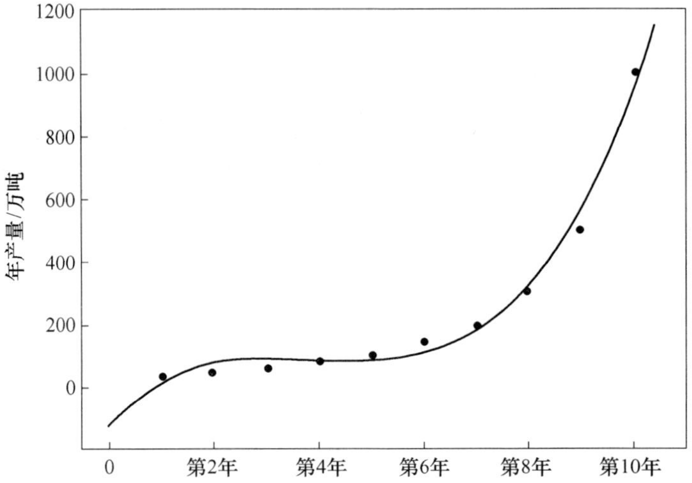

图 2-11 某钢厂 A 产品年产量数据拟合效果

2.3.2 函数变换回归

函数变换回归方法的步骤如下：

（1）根据机理或散点图形判断，选择一种易于线性化的非线性函数；

（2）将自变量和因变量通过适当的数学变换得到线性关系；

（3）对变换后的自变量和因变量做线性回归分析；

（4）将得到的线性回归分析方程通过逆变换得到自变量和因变量的非线性关系。

常用的、易于线性化的非线性函数有幂函数、指数函数、双曲函数等，这些函数对应的线性化结构如表 2-6 所示。如幂函数 $y = ax^b$ 可以在等号两端取对数，并令 $u = \ln y$，$c = \ln a$，$v = \ln x$，则有 $u = c + bv$。

需要说明的是，表 2-6 中线性回归方程中因变量替换成 u，自变量替换成 v。这样，我们就可以用前面处理线性回归的方法对非线性回归模型进行研究，同样使用最小二乘法对模型的系数进行计算，并使用判定系数对模型进行评估，这里不再赘述。得到回归模型后，可以按照表 2-6 中的变换公式，将回归方程中的因变量和自变量分别变换回 x 和 y。

表 2-6 函数变换线性化示例

曲线方程	曲线图形	变换公式	变换后的线性函数
$y=ax^{b}$	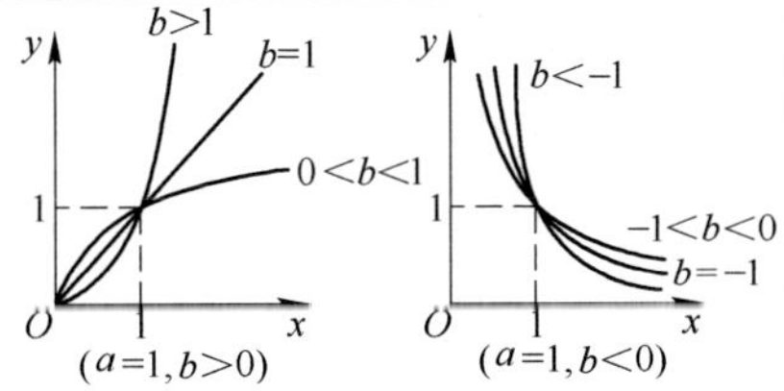	$c=\ln a$ $v=\ln x$ $u=\ln y$	$u=c+bv$
$y=ae^{bx}$	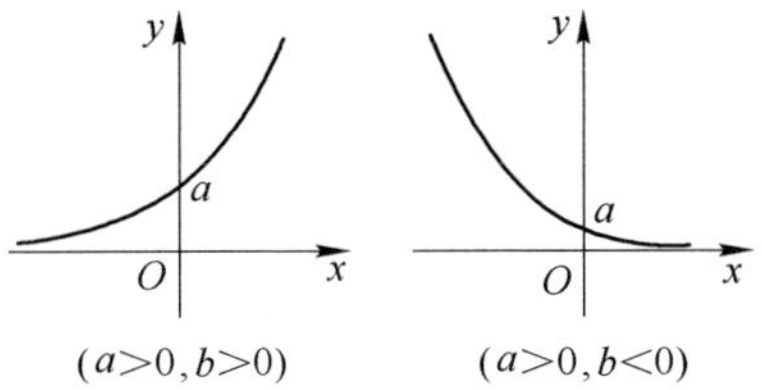	$c=\ln a$ $u=\ln y$	$u=c+bv$
$y=a\frac{b}{e^{x}}$	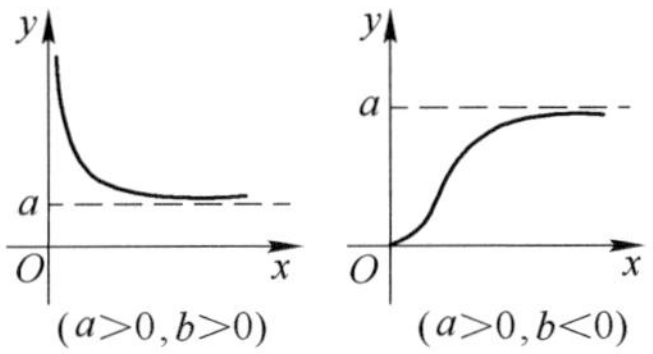	$c=\ln a$ $v=\frac{1}{x}$ $u=\ln y$	$u=c+bv$
$y=a+b\ln x$	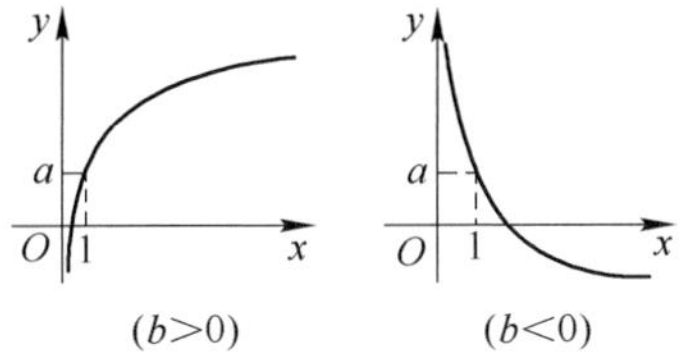	$v=\ln x$ $u=y$	$u=a+bv$

2.3.3 分段线性化回归

把非线性特性曲线分成若干个区段，在每个区段中用直线段近似地代替特性曲线，这种处理方式称为分段线性化。如图 2-12 所示，原始曲线被划分为 4 条线段，这四条线段对应的线性化结构分别为：

$$L_1: y=a_1x+b_1,\ x\in[O,\ A]$$

$$L_2: y=a_2x+b_2,\ x\in[A,\ B]$$

$$L_3: y=a_3x+b_3,\ x\in[B,\ C]$$

$$L_4: y=a_4x+b_4,\ x\in[C,\ D]$$

在分段线性化处理后，所研究的非线性回归问题在每一个区段上被近似

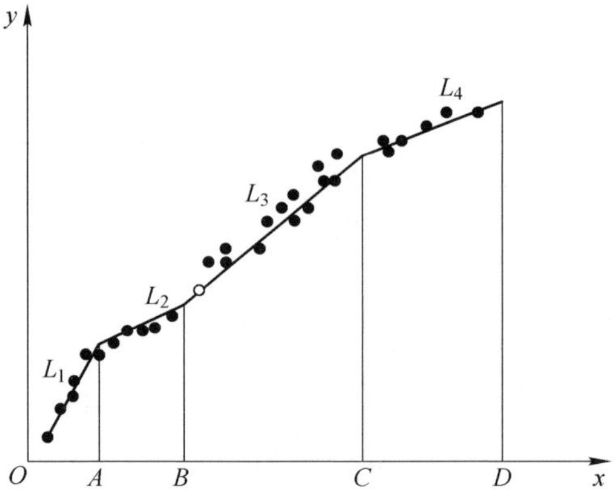

图 2-12　分段线性化示例

等效为线性回归问题。对上述四个线性模型在各自区域内分别进行求解，即可得到总体非线性回归模型。

2.3.4　直接非线性回归

并非所有的非线性回归都可以线性化，对于一般化的非线性关系，可采用直接非线性回归分析。

设变量 x 和 y 服从 $y = f(x)$ 的非线性函数模型，基于非线性回归模型的因变量预测值为 $y_i' = f(x_i, \hat{\boldsymbol{\beta}})$，其中

$$\hat{\boldsymbol{\beta}} = [\hat{\beta}_1, \hat{\beta}_2, \cdots, \hat{\beta}_k]^{\mathrm{T}}$$

是非线性回归模型中 k 个未知参数的估计值。则预测误差为

$$u_i = y_i - y_i' = y_i - f(x_i, \hat{\boldsymbol{\beta}})$$

式中，x_i 和 y_i 为样本观测值。非线性回归就是要找出 $\hat{\boldsymbol{\beta}}$ 的最优估计值 $\hat{\boldsymbol{\beta}}^*$。

采用最小二乘的思想，得到预测误差的加权平方和为：

$$J(\hat{\boldsymbol{\beta}}) = \sum_i w_i u_i^2 = \sum_i w_i [y_i - f(x_i, \hat{\boldsymbol{\beta}})]^2$$

式中，w_i 为回归权系数，表示第 i 个样本值的重要程度，越大则表示样本值越重要。上述非线性回归问题转化为非线性规划问题：

$$\min_{\hat{\boldsymbol{\beta}}} J(\hat{\boldsymbol{\beta}}) = \min_{\hat{\boldsymbol{\beta}}} \sum_i w_i [y_i - f(x_i, \hat{\boldsymbol{\beta}})]^2$$

求解上述非线性规划问题，可得到最佳估计值 $\hat{\boldsymbol{\beta}}^*$。非线性规划问题是运筹学的一个重要分支，相关内容可参考运筹优化相关专业书籍，本书不做深入介绍。

2.4 时间序列分析

时间序列（time-series）是指将一个变量在不同时间上的数值按照时间的先后顺序排列而成的数列。潮汐变化、不同时段销售量、疾病传播等均为时间序列的典型案例。随着科学技术的发展，人类在实践中逐步发现时间序列的变动由以下四种变动形成：

（1）长期趋势性变动（T：secular trend）指时间序列受某种稳定因素影响，数据随时间变化呈现出来的总体态势。如旅客周转量等数据受整体经济形势影响，在近些年呈稳定增长态势。

（2）季节性变动（S：seasonal variation）指时间序列受自然季节等因素呈季节性或者周期性变动。如羽绒服的销售数据随着季节有很大波动，冬季的销售量远高于夏季的销售量。

（3）循环变动（C：cyclical variation）指时间序列受多种因素影响，在比较长的时间（几年到几十年不等）内呈现上升与下降交替的循环往复波动。如一些产业总是随着技术的革新，在快速发展、稳定发展、紧缩这样的过程中交替。

（4）随机变动（I：irregular variation）指时间序列受不可控因素的影响，而表现出的不规则波动。

时间序列分析旨在，通过比较不同时间点上单个或多个时间序列的值，对时间序列数据进行分析，进而提取出以上四个变动特征，进而进行预测。传统的时间序列分析认为：长期趋势变动、季节性变动、循环变动都是有规律可循的，而随机变动可以设法消除。基于这种假设，形成了确定性时间序列分析的一系列方法，其旨在设法消除随机变动，拟合长期变动趋势，分析季节变动和循环变动。常见的方法有：自回归（auto regressive，AR）模型、移动平均（moving average，MA）模型以及指数平滑（exponential smoothing，ES）模型。下面我们将对这些模型进行一一介绍。

2.4.1 AR 模型

考虑一个单摆系统，设 x_t 为第 t 次摆动过程中的摆幅，根据物理原理，第 t 次的摆幅 x_t 由前一次的摆幅 x_{t-1} 决定，即有 $x_t = a_1 x_{t-1}$，再引入空气振动这个扰动因素 ε_t，并假设 $\varepsilon_t \sim N(0, \sigma^2)$，于是得到一阶 AR 模型：

$$x_t = a_1 x_{t-1} + \varepsilon_t, \quad t \geqslant 1$$

式中，参数 a_1 对时间序列的稳定性起到决定性的作用，噪声强度 σ^2 决定了序列的波动程度。

更一般地，我们可以考虑 x_t 由前 p 个时刻的序列值及当前的噪声表示，即得到 p 阶 AR 模型，简记为 $AR(p)$：

$$x_t = a_1 x_{t-1} + a_2 x_{t-2} + \cdots + a_p x_{t-p} + \varepsilon_t,\ t \in \mathbf{Z}^+$$

式中，$\boldsymbol{a} = \{a_1, a_2, \cdots, a_p\}^{\mathrm{T}}$ 是 $AR(p)$ 模型的自回归系数。从形式上看，$AR(p)$ 模型与 p 元线性回归非常的相似，但两者是既有联系又有区别的。主要的区别如下：

（1）在线性回归中，自变量 $\{x_p\}$ 为确定性变量，因变量 Y 为相互独立的随机变量，其刻画了一个随机变量和多个确定性变量的因果关系。而在 $AR(p)$ 模型中，x_t 和 x_{t-1}，$\cdots$，x_{t-p} 均为随机变量，同属于时间序列 $\{x_t\}$，它们彼此存在一定的依赖关系，刻画了一个随机变量对其自身过去行为的依存关系。

（2）线性回归是在静态条件下研究的，而 $AR(p)$ 模型是在动态条件下研究的。

（3）基本假设不同，不过需要注意的是，当观察值 x_{t-1}，$\cdots$，x_{t-p} 已知时，$AR(p)$ 模型就是 p 元线性回归模型。

对 $AR(p)$ 模型进行参数估计可以借鉴线性回归模型的方法，即采用最小二乘估计。对于样本序列 $\{x_t\}$，当 $j \geqslant p + 1$ 时，白噪声的估计为：

$$\hat{\varepsilon}_j = x_j - (\hat{a}_1 x_{j-1} + \hat{a}_2 x_{j-2} + \cdots + \hat{a}_p x_{j-p})$$

$\hat{\varepsilon}_j$ 通常称为残差，优化目标是使得残差平方和达到最小，即：

$$\min \sum_{j=p+1}^{N} [x_j - (\hat{a}_1 x_{j-1} + \hat{a}_2 x_{j-2} + \cdots + \hat{a}_p x_{j-p})]^2$$

上式对参数 $\boldsymbol{a}$ 求导并令其等于 0，即可得到 $AR(p)$ 模型中自回归系数 $\boldsymbol{a} = \{a_1, a_2, \cdots, a_p\}^{\mathrm{T}}$ 的估计，详细计算方法请借鉴 2.2 节中多元线性回归最小二乘法的求解过程，这里不再赘述。

2.4.2　MA 模型

移动平均（MA）模型，旨在用一组最近的实际数据来预测未来一期或者几期的数据。更具体的来说，其基本思想为：根据时间序列数据逐项推移，一次计算包含一定项数的平均值，以反映长期趋势。

当时间序列相对比较平稳（即不快速增长也不快速下降），且不存在季节性因素时，移动平均模型是一种非常简单实用的方法。此方法能够有效地消除预测中的随机波动，适用于即期预测。

根据预测时使用的各元素的权重不同，可以分为简单移动平均和加权移动平均。

简单移动平均的各元素的权重都相等，计算公式如下：

$$F_t = (A_{t-1} + \cdots + A_{t-n})/n$$

式中，F_t 为对第 t 期的预测值，A_{t-1}，…，A_{t-n} 为前序 n 期的实际值。当然，如果需要预测的期数比较远，没有足够的实际观察值时，也可以用预测值代替少量实际值。

一般地，我们认为越近的实际数据包含的信息量越多，在预测下一期数据时其权重应该更高。加权移动平均就是给每个变量赋予更高的权重，计算公式如下：

$$F_t = (w_{t-1}A_{t-1} + \cdots + w_{t-n}A_{t-n})/n$$

式中，w_{t-1}，…，w_{t-n} 为各期权重。

例如，设时间序列为 y_1，y_2，…，y_t 。加权移动平均公式则为：

$$M_{tw} = \frac{w_1 y_t + w_2 y_{t-1} + w_3 y_{t-2} + \cdots + w_N y_{t-N+1}}{w_1 + w_2 + w_3 + \cdots + w_N},\quad t \geqslant N$$

式中，M_{tw}为第 t 期加权移动平均数；w_i 为 y_{t-i+1}的权数，它体现了相应的 y_t 在加权平均数中的重要性。

利用加权移动平均数来做预测，其预测公式为：

$$\hat{y}_{t+1} = M_{tw}$$

即以第 t 期加权移动平均数作为第 t+1 期的预测值。

例 2.5 移动平均法案例

上海市某小区 2020 年前 9 个月的房价如表 2-7 所示，采用移动平均法预测该小区 2020 年 10~12 月的房价。

表 2-7 上海市某小区 2020 年前 9 个月房价数据

月份	每平方米房价/万元
1	7.0748
2	7.1012
3	7.4137
4	7.3748

续表 2-7

月份	每平方米房价/万元
5	7. 2860
6	7. 4128
7	7. 4127
8	7. 4274
9	7. 3027

数据来源：https：//shanghai. anjuke. com/community/trends/27.

解：本例采用简单移动平均法。简单移动平均的各元素的权重都相等，即 $w_1=w_2=w_3=\cdots=w_N$。则第 $t+1$ 期的预测值计算公式如下：

$$\hat{y}_{t+1}=M_{tw}=\frac{y_t+y_{t-1}+y_{t-2}+\cdots+y_{t-N+1}}{N}$$

因此，通过简单移动平均法，移动平均的项数 N 取 5，预测出 10 月的房价为：

$$\hat{y}_{10}=\frac{y_9+y_8+y_7+y_6+y_5}{N}=7.3683$$

以此类推，11 月、12 月预测房价为 7. 3848，7. 3792。

案例 Python 源代码见附录 1。得到的房价走势图如图 2-13 所示，前 9 个月为已知值，后 3 个月为预测值，该小区房价较为平稳。

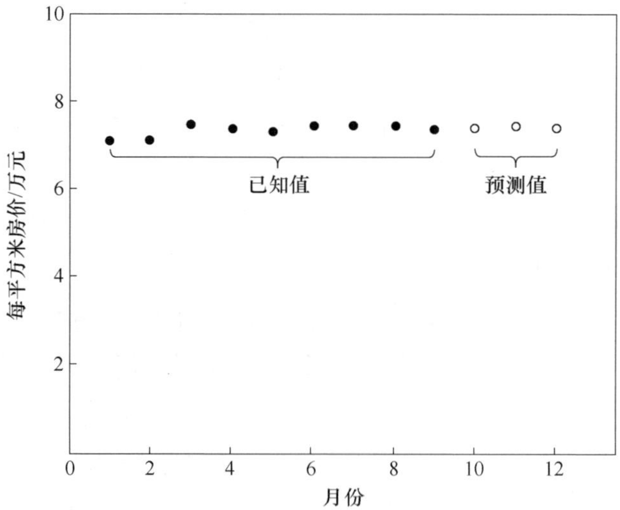

图 2-13　上海市某小区 2020 年房价走势图

2.4.3 指数平滑模型

指数平滑也是生产预测中常用的一种用于中短期经济发展趋势预测的方法。其原理是任一期的指数平滑值都是本期实际观察值与前一期指数平滑值的加权平均。可以想象，这是一种在移动平均的基础上发展而来的方法，但拥有更灵活的参数配置。

根据平滑次数的不同，指数平滑可分为一次指数平滑、二次指数平滑、三次指数平滑等。

2.4.3.1 一次指数平滑预测

当时间序列无明显的趋势时，可以使用一次指数平滑预测。设观测到的时间序列为 $y_1, y_2, \cdots, y_t$，一次指数平滑公式为：

$$S_t^{(1)} = \alpha y_t + (1-\alpha) S_{t-1}^{(1)} = S_{t-1}^{(1)} + \alpha(y_t - S_{t-1}^{(1)})$$

式中，$\alpha \in [0, 1]$ 为平滑指数，其大小的选择决定了预测值更偏向于最近的观测值还是一段时间内的全部的历史数据。为进一步理解指数平滑的实质，将上式展开：

$$\begin{aligned} S_t^{(1)} &= \alpha y_t + (1-\alpha)[\alpha y_{t-1} + (1-\alpha) S_{t-2}^{(1)}] \\ &= \alpha \sum_{j=0}^{\infty} (1-\alpha)^j y_{t-j} \end{aligned}$$

上式表明 $S_t^{(1)}$ 是全部历史数据的加权平均，权重分别为 α，$\alpha(1-\alpha)$，$\alpha(1-\alpha)^2$，…。假设 $0 < \alpha < 1$，则显然有

$$\sum_{j=0}^{\infty} \alpha (1-\alpha)^j = \frac{\alpha}{1-(1-\alpha)} = 1$$

由于加权系数符合指数规律，又有平滑数据的功能，故称为指数平滑。

以这种平滑值进行预测，就是一次指数平滑法。预测模型为

$$\hat{y}_{t+1} = S_t^{(1)}$$

即

$$\hat{y}_{t+1} = \alpha y_t + (1-\alpha)\hat{y}_t$$

即以第 t 期指数平滑值作为第 $t+1$ 期的预测值。

需要强调的是，指数平滑不会将历史数据截断为固定的窗口大小，任何特定观测值的权重都会随时间逐渐变为 0，根据平滑参数 $\alpha \in [0, 1]$ 的选择而变慢或变快。例如，$\alpha = 0.25$ 意味着加权 25%的最近观测值和 75%先前的平均值估计值，因此在时间 t 时，y_1 在估计值 $\hat{y}_{t+1}$ 中的比重为 $0.25(0.75)^{t-1}$，

衰减相当快。这也是指数平滑和移动平均的最大差异。

2.4.3.2 二次指数平滑预测

二次指数平滑则是在一次指数平滑基础上，对趋势进行修正后得到的平滑模型，基础计算公式为：

$$S_t^{(2)} = \alpha S_t^{(1)} + (1 - \alpha) S_{t-1}^{(2)}$$

预测未来 T 期的值 $\hat{y}_{t+T}$ 的计算公式为：

$$\hat{y}_{t+T} = A_t + B_t T$$

其中：

$$A_t = 2S_t^{(1)} - S_t^{(2)}$$

$$B_t = \frac{\alpha}{1 - \alpha}(S_t^{(1)} - S_t^{(2)})$$

2.4.3.3 三次指数平滑预测

三次指数平滑是在二次平滑值基础上再进行一次平滑，得到其关于时间的非线性发展趋势模型，基础计算公式如下所示：

$$S_t^{(3)} = \alpha S_t^{(2)} + (1 - \alpha) S_{t-1}^{(3)}$$

预测未来 T 期的值 $\hat{y}_{t+T}$ 的计算公式为：

$$\hat{y}_{t+T} = A_t + B_t T + C_t T^2$$

其中：

$$A_t = 3S_t^{(1)} - 3S_t^{(2)} + S_t^{(3)}$$

$$B_t = \frac{\alpha}{2(1 - \alpha)^2}[(6 - 5\alpha) S_t^{(1)} - 2(5 - 4\alpha) S_t^{(2)} + (4 - 3\alpha) S_t^{(3)}]$$

$$C_t = \frac{\alpha^2}{2(1 - \alpha)^2}[S_t^{(1)} - 2S_t^{(2)} + S_t^{(3)}]$$

三次指数平滑系数的取值，一般情况下可以多试验几次以达到最佳效果，建议采用一些机器学习中的寻优方法来调整参数。

例 2.6 指数平滑法案例

上海某小区 2011~2019 年的房价如表 2-8 所示。

表 2-8 上海某小区 2011~2019 年房价数据

年份	每平方米房价/万元
2011	5.338
2012	5.746
2013	6.069

续表 2-8

年份	每平方米房价/万元
2014	6.498
2015	7.051
2016	7.720
2017	8.164
2018	8.927
2019	9.639

数据来源：https：//shanghai.anjuke.com/.

采用指数平滑法预测该小区 2020 年、2021 年、2022 年的房价。

解：为了方便读者更好地掌握上述指数平滑方法的计算和编程实现过程，本题中使用三次指数平滑法进行预测，案例 Python 源代码见附录 1。

在编译平台中运行代码，预测得到 2020 年的每平方米房价为 10.433 万元，2021 年的房价为 11.285 万元，2022 年的房价为 12.196 万元。对应的房价走势图如图 2-14 所示，前 9 年为已知值，后 3 年为预测值。

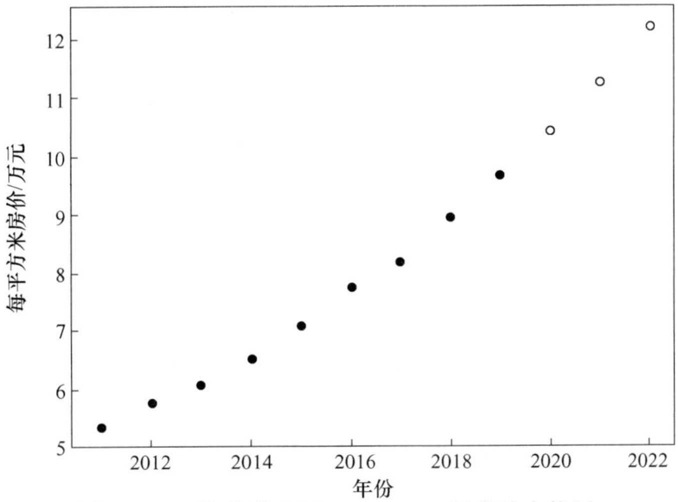

图 2-14 上海市某小区 2011~2022 年房价走势图

2.5 优化建模基础

前面 4 节的建模方法常用于数据分析，接下来介绍用于决策的优化建模方法，优化建模流程如图 2-15 所示，其中优化建模与模型求解作为连接业务问题与工业应用的纽带，对解决工程实际问题起着至关重要的作用。优化模型的三要素为优化目标、约束条件和决策变量，熟练掌握基础优化建模方法，一方面能够培养将物理世界转化为数学语言的建模思路，另一方面也能够辅助业务人员明确主要约束和优化目标。

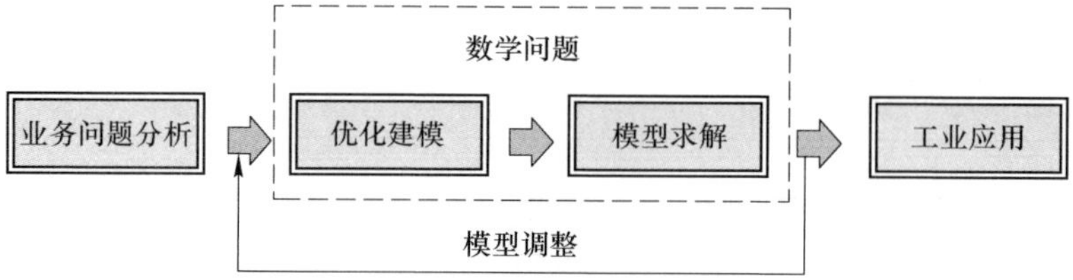

图 2-15　优化建模流程示意图

优化建模在钢铁行业的应用场景非常多，L3/L4 层面的大多数优化决策问题都属于这类问题，包括但不限于：（1）如何采购原材料，在满足生产的前提下，维持较低库存，降低采购综合成本？（2）如何优化船运物流调度、成品出厂物流、厂内物流转运，降低物流运输成本？（3）合同如何安排生产，能使产能利用最大，库存波动最小，延期交货最少？（4）如何实现炼钢、热轧、冷轧等工序的自动化智能排程，提高热装热送比、降低余材产生、轧制公里数等 KPI 指标？（5）如何确定最佳产品组合，使总利润/总收入/产量最大，或使成本最小等？

应该说，上至多基地产销协同、供应链网络优化，下至生产计划排程、物流调度等，均可用决策优化模型来加以解决。当然，由于这方面的建模和算法比较专业，一种比较好的方式是通过学科结合来进行，即业务工程师和模型工程师组成联合研发团队，通过这种合作模式，宝钢在制造、营销、采购等领域已有多项技术和成果落地。当然，上述建议不仅适用于钢铁行业，对其他制造业同样适用。

本节主要介绍两种常用的优化模型，即线性规划模型和整数规划模型。实际工程问题可能是非线性多耦合的，但是大多数问题都可以通过一定的抽象或松弛转化为线性规划模型、整数规划模型或混合整数规划模型。最后，考虑到采购、销售等供应链环节对库存优化方面的需求，简单介绍一点库存论的内容供读者参考。

2.5.1　线性规划模型

线性规划是运筹学中研究较早、发展较快、应用广泛、方法较为成熟的一个重要分支，广泛地应用于军事作战、经济分析、经营管理、工程技术等方面，为高效地利用有限的人力、物力、财力等资源提供科学的依据。

例 2.7 生产计划问题

某加工厂主要生产三类产品，产品需要消耗资源 A、资源 B 和资源 C，每吨产品的单位资源消耗和单位收益不同，如表 2-9 所示。

表 2-9 三类产品的资源使用和收益表

产品	资源 A/t	资源 B/t	资源 C/t	收益/万元
产品 1	4	4	5	4
产品 2	5	8	4	5
产品 3	10	4	2	4

三种资源当月可用数量有限，分别为 100kg，80kg，50kg，试求解当月最优的产品生产组合，使得收益最大化。

解：若采用只生产某种产品的简单决策，在满足资源约束的条件下，对应的最大收益如表 2-10 所示。

表 2-10 简单决策对应的收益

生产产品	产品 1	产品 2	产品 3
最大数量/t	10	10	10
最大收益/万元	40	50	40

若采用线性规划模型求解该问题，首先明确决策变量，设当月产品 1，2，3 的生产量分别为 x_1，x_2，x_3，得到线性规划模型如下。目标函数（a）旨在最大化生产收益，决策变量为生产各种产品的数量；约束（b）、（c）、（d）分别限制了资源 A、B、C 的使用数量；约束（e）限制变量的取值区间。

最大化 $$4x_1 + 5x_2 + 4x_3 \tag{a}$$

s. t. $$4x_1 + 5x_2 + 10x_3 \leqslant 100 \tag{b}$$

$$4x_1 + 8x_2 + 4x_3 \leqslant 80 \tag{c}$$

$$5x_1 + 4x_2 + 2x_3 \leqslant 50 \tag{d}$$

$$x_1,\ x_2,\ x_3 \geqslant 0 \tag{e}$$

采用 Excel 求解上述规划模型，首先在单元格 C5：F16 输入如图 2-16 所示信息，其中产品数量初始化为 0，总利润对应的 D8 单元格输入：

“=D6 * D7+E6 * E7+F6 * F7”

总耗材对应的单元格 D15、E15、F15 分别输入：

“=D12 * D6+D13 * E6+D14 * F6”、

“=E12 * D6+E13 * E6+E14 * F6”、

“=F12 * D6+F13 * E6+F14 * F6”。

	C	D	E	F
4				
5	产品	x1	x2	x3
6	数量	0	0	0
7	单位利润	4	5	4
8	总利润	0		
9				
10				
11	单位耗材	资源A	资源B	资源C
12	x1	4	4	5
13	x2	5	8	4
14	x3	10	4	2
15	总耗材	0	0	0
16	可用资源	100	80	50

图 2-16　Excel 求解线性规划模型的已知参数输入

以 WPS 为例，依次点击文件旁的下三角→“工具”→“规划求解”，弹出规划求解对话框如图 2-17 所示，将优化模型的三要素，即目标函数、决策

图 2-17　Excel 求解线性规划模型的三要素输入

变量、约束条件分别输入到“设置目标”“通过更改可变单元格”和“遵守约束”中，求解方法选择“单纯线性规划”，最后点击“求解”，可观察到产品数量、总利润、总耗材对应的单元格均变为优化后的值。

得到最优的产品生产方案如表 2-11 所示，总收益为 64 万元，显著优于表 2-10 中的简单决策。

表 2-11 最优决策及其收益

生产产品	产品 1	产品 2	产品 3
最大数量/t	10/3	16/3	6
收益/万元	64		

有关线性规划的工业应用，读者可参考附录 2 中的宝钢案例 4 和案例 5。企业中实际的生产计划问题包含更多更复杂的变量和约束，我们通常需要把模型转化为标准型的线性规划模型，然后基于单纯形法，采用计算机编程的手段进行求解。有关单纯形法及其程序实现的内容可参考运筹学相关书籍[21]，这里不再进行详细介绍。

2.5.2 整数规划模型

上一节的线性规划模型中，决策变量均为连续变量，但在现实生活中，很多问题的决策变量为整数变量，如几个人、几台机器、几个航班等，这类问题称为整数规划（integer programming，IP）。如果线性规划中的变量全取整数值，称为整数线性规划，如果线性规划中的部分变量取整数值，则称为混合整数规划。

例 2.8 背包问题

我们现在有一个体积为 12dm^3 的背包，用来装苹果和香蕉，其中苹果至少装 5 个，香蕉至多装 10 个。所有已知信息如表 2-12 所示，一个苹果价值 3 元，体积 0.4dm^3，则 x_1 个苹果价值 $3x_1$ 元，体积为 $0.4x_1\text{dm}^3$；一个香蕉价值 2 元，体积 0.24dm^3，则 x_2 个香蕉价值 $2x_2$，体积为 $0.24x_2\text{dm}^3$。

表 2-12 背包问题信息汇总

物品	苹果	香蕉	背包
价值/元	3	2	—
体积/dm^3	0.4	0.24	12
数量	x_1	x_2	—
约束	至少 5 个	至多 10 个	体积限制

如果想要达到背包装的东西价值最大化，可以通过求解下面的整数规划模型来获得最优的装包方案。其中目标函数（a）旨在最大化背包里面装的东西的价值，决策变量为装入苹果和香蕉的数量；约束（b）限制背包里面装的东西的体积不超过背包容量；约束（c）限制苹果至少装 5 个；约束（d）限制香蕉至多 10 个；约束（e）限制变量的取值为非负整数。

$$\text{最大}\quad 3x_1 + 2x_2 \tag{a}$$

$$\text{s. t.}\quad 0.4x_1 + 0.24x_2 \leqslant 12 \tag{b}$$

$$x_1 \geqslant 5 \tag{c}$$

$$x_2 \leqslant 10 \tag{d}$$

$$x_1,\ x_2 \in \mathrm{N} \tag{e}$$

由于上述问题的决策变量均为整数，故属于整数规划问题。在求解整数规划问题时，可以先将原始整数规划问题松弛为线性规划模型，然后再进行邻域搜索得到优化后的整数解。针对上面的模型进行线性松弛，并采用 Eexcel 求解，得到 x_1 和 x_2 的取值分别为 24 和 10，刚好为整数，因此线性规划求解得到的值就是最优解，即最优的装包方案为放入 24 个苹果和 10 个梨，最大收益为 92。

上述的背包问题是一种典型的组合优化问题，即在有限个可供选择的组合方案中寻找利益最大化或成本最小化的方案。组合优化问题通常都可以表述为整数规划模型，例如背包问题、装箱问题、下料问题、选址问题、旅行商问题、车辆路径规划问题等，这类问题在数学上属于 NP-难问题，随问题规模呈指数级增长，即具有“组合爆炸”特性。求解整数规划问题的方法除了上面提到的线性松弛，常用的算法还包括割平面、分支定界、启发式算法等，在后面的 3.4 节中我们将更为详细地介绍启发式算法相关内容。

2.5.3　库存论基础

钢铁生产及其供应链可以看作是由工序、库存、物流串联而成的，库存论在原料采购、生产库存控制、渠道库存补货等方面有着众多的应用场景。库存优化模型同样由三要素构成：即在满足生产或客户需求的前提下（约束条件），通过优化订货量和订货节点（决策变量），使得订货和库存综合成本达到最低（优化目标）。频繁订货，可以降低库存，但订货费用会增加；大批量订货，可以减少订货次数，但库存量增多会导致存储费用上升，如何权衡和抉择，就存在优化空间。

本节介绍一种经典的库存优化模型：经济批量订货模型（economic order quantity，EOQ），该模型通过平衡订货成本与存储成本，来决定最经济的订货批量，如图 2-18 所示。

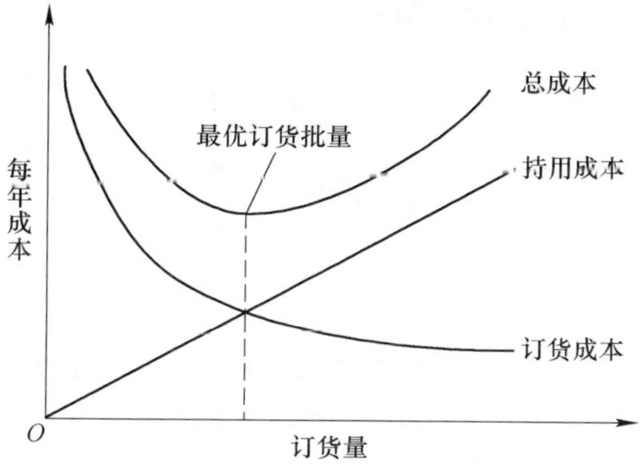

图 2-18 订货量与总成本关系

假设需求率 R 和订货提前期 L 保持不变，单次订购费为 C_3，单位时间内单位物品的存储费用 C_1，订货周期为 t，即每隔 t 订货一次，每次的订货量为 Q，因此订货周期内的需求满足 $Q=Rt$，不允许缺货。要求确定最优的订货周期 t 与订货批量 Q，使得订货成本和存储成本达到最低。

根据图 2-19 所示，单位时间的存储费用为 $1/2C_1Rt$（根据微积分知识易得，相当于三角形面积），平均库存为 $1/2Rt$；单位时间的订货费为 C_3/t，优化目标为最小化单位时间的存储费与订货费之和：

$$\min C(t)=\frac{C_3}{t}+\frac{1}{2}C_1Rt$$

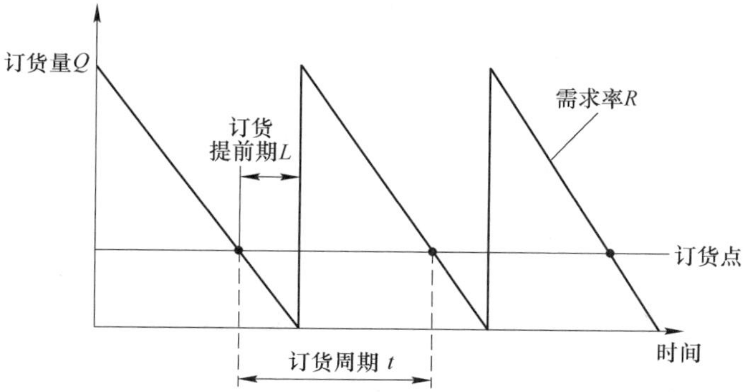

图 2-19 经济批量订货模型示意图

对 t 求导，并令其等于 0：

$$\frac{\mathrm{d}C(t)}{\mathrm{d}t} = -\frac{C_3}{t^2} + \frac{1}{2}C_1 R = 0$$

求解上式，得到最优订货周期 t^* 为：

$$t^* = \sqrt{\frac{2C_3}{C_1 R}}$$

由于二阶导数大于 0，说明已经得到极小值：

$$\frac{\mathrm{d}^2 C(t)}{\mathrm{d}t^2} = \frac{2C_3}{t^3} > 0$$

因此最终的订货策略为：当库存低于 RL 时，开始订货，订货量为：

$$Q^* = Rt^* = \sqrt{\frac{2C_3 R}{C_1}}$$

当然，实际中的库存优化问题远比经济批量订货模型复杂，如需求率和订货提前期不固定时怎么办？允许缺货时，订货策略如何调整？安全库存如何确定？多级库存如何协调优化？订货量有折扣时如何处理等等，这些属于进阶问题，感兴趣的读者可以参考相关专业书籍，限于篇幅和本书目的，这里不展开讨论。另外，读者还可参考附录 2 宝钢案例 5 中的合金采购优化决策问题，进一步了解利用数学规划模型求解库存优化问题的方法。

3 人工智能基础

人工智能被认为是21世纪三大尖端技术之一，广泛应用于智能决策、高级自动化以及语音图像处理等多个领域。本章简要介绍人工智能的概念、应用场景，以及人工智能具有代表性的三类算法，分别是机器学习算法、神经网络和现代启发式算法。

3.1 人工智能简介

人工智能（artificial intelligence，AI）是自动化之后计算技术发展的更高级形态，其最重要的部分就是赋予机器或程序学习的能力。例如在图像识别领域，程序通过学习上万张手写数字的像素特征，能够以很高的准确率辨识没有“见过”的手写数字图片。

人工智能在游戏（国际象棋、围棋等）、自然语言处理、专家系统、视觉系统、语音识别、手写识别以及智能机器人等领域占据重要的地位。随着人工智能技术的成熟和硬件设备技术的成熟，智能机器和物联网可能成为新的发展主流。

本章的3.2~3.4节分别介绍了机器学习、神经网络分析与建模，以及现代启发式算法。其中3.3节的神经网络是机器学习算法的一种，由于其应用广泛且影响较大，故单独作为一个小节进行介绍。针对3.2节机器学习和3.3节神经网络的内容，我们附上Github上优秀的开源项目链接，如果读者有兴趣可以详细阅读这两份开源代码：

https://github.com/xiaohu2015/DeepLearning_tutorials

https://github.com/ljpzzz/machinelearning

3.2 机器学习算法

机器学习是一门致力于研究如何通过计算的手段使计算机模拟或实现人类的学习活动，利用已有的知识不断改善自身性能的多领域交叉科学，是人工智能领域中最具智能特征的研究热点。

自20世纪80年代以来，随着收集、存储、传输、处理数据的能力日新月异，人们迫切需要能有效地对数据进行分析和利用的人工智能。机器学习作为实现人工智能的途径得以崭露头角，掀起了新的浪潮，引发了广泛的关注和讨论。机器学习不仅在基于知识的系统中得到应用，而且在自然语言理解、非单调推理、机器视觉、模式识别等许多领域也得到了广泛应用。

机器学习所研究的主要内容是关于利用训练数据集得到模型的算法，即“学习算法”。“学习算法”能够使计算机在面对新知识时模拟人脑的学习机制，产生模型并输出相应的结果。

有关机器学习，我们需要避免两个认知误区：

(1) 误区一：认为机器学习无所不能，任何业务问题都可以用机器学习来“学习”一下。机器学习实际上只能处理少数的几类问题，包括：聚类、分类、回归、关联分析等，且机器学习的数学理论基础并不完善，使得模型调参更像是一门“艺术”。同时，机器学习在大数据应用流程中属于分析层，并不能解决决策层的问题，决策层主要使用优化建模的方法来解决。

(2) 误区二：存在通用机器学习方法，“一招鲜，吃遍天”，即认为在一个场景下应用得比较好的模型，在其他场景中性能表现也会好。Wolpert 和 Macerday 提出的“无免费午餐”（no free lunch，NFL）定理表明，任意一种算法模型，不可能在所有问题上的性能总是好的，统计意义上，它跟随机猜测算法的性能是一样的。NFL 定理告诉我们，在脱离具体问题的情况下，谈论哪种算法更好毫无意义，必须具体问题具体分析，设计有针对性的算法模型。

机器学习算法根据是否需要训练样本，可分为有监督学习和无监督学习两大类。无监督学习的典型例子是聚类，事先不知道样本的类别，通过某种算法，把相似的样本归为一类；有监督型学习是有训练样本的，带有属性标签，可以理解成训练样本有输入有输出。有监督学习是机器学习的重点，所有的回归算法和分类算法都属于有监督学习。回归和分类的算法区别之一在于输出变量的类型：定量输出称为回归，对应的是连续变量的预测，相关算法模型可以回顾本书的第 2 章；定性输出称为分类，对应的是离散变量的预测。机器学习算法的分类情况如图 3-1 所示，本章节主要介绍实际中应用较为广泛的几种算法，如聚类算法中的 K 均值聚类算法，分类算法中的 k 近邻算法、决策树算法和支持向量机（support vector machine，SVM）算法。

3.2.1 K 均值算法

K 均值算法（K-Means）是一种常用的聚类算法，聚类算法是将训练数据

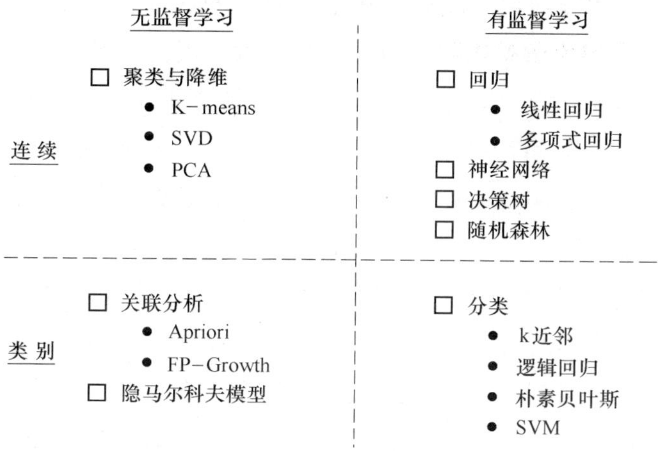

图 3-1 机器学习算法分类

集中的样本划分为若干个不相交的子集的过程。其中，每个子集称为一个“簇”，相同簇中的样本相似，不同簇中的样本相异，每个簇都对应一些潜在的概念（类别），即所谓的“物以类聚”。然而，这些概念对聚类算法而言事先是未知的，聚类过程仅仅是形成簇，簇所对应的概念语义还需由使用者来把握和命名。例如，对“人”采用聚类算法，我们既可能得到“白种人”“黄种人”和“黑种人”三个簇，也可能得到“青年人”“中年人”和“老年人”三个簇。

K-Means 首先通过指派的方式设定 K 个初始质心，然后对其质心进行迭代更新获得最后的聚类结果，具体求解步骤如下：

（1）从 N 个数据样本随机或按照一定规则选取 K 个数据样本作为质心（聚类中心）；

（2）对每个数据样本测量其到每个质心的距离，并把它归到最近的质心的簇；

（3）重新计算并更新各个簇的质心；

（4）迭代（2）~（3）步直至新的质心与原质心相等或小于指定阈值，算法结束，输出聚类结果，即 K 个簇。

通过分析以上步骤，我们可以总结出使用 K-Means 算法的注意事项：

（1）算法要求用户事先给出 K 的取值，取值很大程度上依靠经验和试验，对于不同的数据集，K 的取值没有可借鉴性；

（2）K 个初始质心的选择与算法的运行效率甚至算法的有效性密切相关，

随机选取质心有可能导致迭代次数很大或者陷于某个局部最优；

(3) 算法受异常数据或噪声数据影响较大，因为这类数据点在质心迭代更新过程中能够显著影响质心的选取，这一点跟 2. 1. 4 节的结论一致。

K-Means 算法虽然存在以上应用难点，但是在处理球状分布的数据集时具有较好的效果。除 K-Means 算法以外，常用的聚类算法还包括密度聚类算法和层次聚类算法。

密度聚类算法是根据训练数据集中样本分布的紧密程度确定聚类结果。DBSCAN 是一种常用的密度聚类算法，该算法首先根据给定的领域参数找出样本集中所有的核心对象，然后迭代地以任意一个核心对象为出发点，找出由其密度可达的样本并生成聚类簇，直到所有的核心对象均被访问为止，最终输出聚类簇作为聚类结果。

层次聚类算法是在不同层次对训练数据集进行划分，从而得到树形的聚类结果。通常情况下，训练数据集的划分可采用“自底向上”的聚合策略或“自顶向下”的分拆策略。AGNES 是一种采用自底向上聚合策略的层次聚类算法，该算法首先将训练数据集中的每个样本都看作一个初始聚类簇，然后迭代地找出距离最近的两个聚类簇并将其合并，直到聚类簇的个数达到预设值，最终输出聚类簇作为聚类结果。

例 3. 1　K 均值案例

江苏省部分城市的经纬度如表 3-1 所示，采用机器学习中的聚类算法，把表中的所有城市分为两类。

表 3-1　江苏省部分城市的经纬度

城市	北纬/(°)	东经/(°)
南京	32. 03	118. 46
常熟	31. 39	120. 43
常州	31. 47	119. 58
丹阳	32. 00	119. 32
东台	32. 51	120. 19
高邮	32. 47	119. 27
海门	31. 53	121. 09
江都	32. 26	119. 32

续表 3-1

城市	北纬/(°)	东经/(°)
姜堰	32.34	120.08
江阴	31.54	120.17
靖江	32.02	120.17
金坛	31.46	119.33
昆山	31.23	120.57
溧阳	31.26	119.29
南通	32.01	120.51
启东	31.48	121.39
如皋	32.23	120.33
苏州	31.19	120.37
太仓	31.27	121.06
泰兴	32.10	120.01
泰州	32.30	119.54
通州	32.05	121.03
吴江	31.10	120.39
无锡	31.34	120.18
兴化	32.56	119.50
扬中	32.14	119.49
扬州	32.23	119.26
宜兴	31.21	119.49
仪征	32.16	119.10
张家港	31.52	120.32
镇江	32.11	119.27

解：本题采用 K-Means 算法进行聚类学习。该算法接受参数 K，然后将数据对象划分为 K 个聚类使所获得的聚类满足：同一聚类中的对象相似度较高；而不同聚类中的对象相似度较小。

本题中，使用 sklearn 中的 cluster 模块中提供的 K-Means( ) 方法来处理聚类问题。聚类结果如表 3-2 所示。

表 3-2　江苏省各城市聚类结果

城市	北纬/(°)	东经/(°)	类别(0 和 1)
南京	32.03	118.46	1
常熟	31.39	120.43	0
常州	31.47	119.58	0
丹阳	32.00	119.32	1
东台	32.51	120.19	1
高邮	32.47	119.27	1
海门	31.53	121.09	0
江都	32.26	119.32	1
姜堰	32.34	120.08	1
江阴	31.54	120.17	0
靖江	32.02	120.17	1
金坛	31.46	119.33	0
昆山	31.23	120.57	0
溧阳	31.26	119.29	0
南通	32.01	120.51	1
启东	31.48	121.39	0
如皋	32.23	120.33	1
苏州	31.19	120.37	0
太仓	31.27	121.06	0
泰兴	32.10	120.01	1
泰州	32.30	119.54	1
通州	32.05	121.03	0
吴江	31.10	120.39	0
无锡	31.34	120.18	0
兴化	32.56	119.50	1
扬中	32.14	119.49	1
扬州	32.23	119.26	1
宜兴	31.21	119.49	0
仪征	32.16	119.10	1
张家港	31.52	120.32	0
镇江	32.11	119.27	1

案例 Python 源代码见附录 1，运行结果如图 3-2 所示，江苏各个城市可大致按照纬度分为苏北和苏南。其中有一个异常点分类错误，也揭示了 K 均值算法的局限性，由于该算法根据质心来判断类别，图 3-2 中左侧的类别质心靠西北角，右侧的类别质心靠东南角，因此，位于东北角的数据点极有可能分类错误。

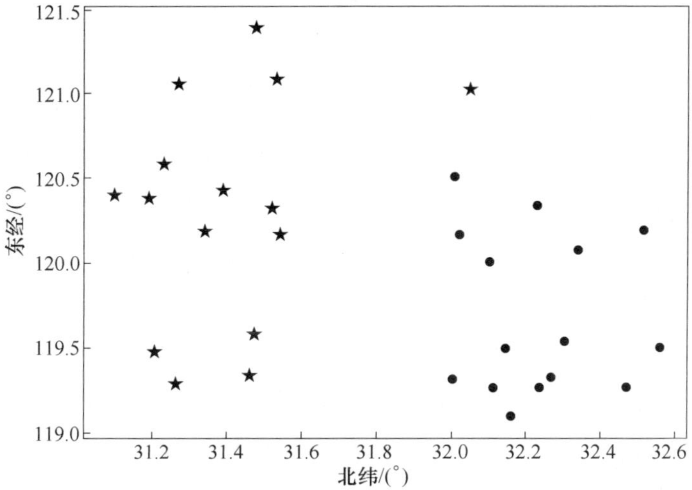

图 3-2　江苏省各城市聚类效果图

3.2.2　k 近邻算法

k 近邻算法（KNN）属于分类算法，分类算法是利用训练数据集得到分类方法用以对新的样本进行归类的机器学习方法。分类算法与聚类算法的最主要的区别在于所有类的概念语义事先是已知的。

KNN 的思路是：在特征空间中，如果一个样本附近的 k 个最近（即特征空间中最邻近）样本的大多数属于某一个类别，则该样本也属于这个类别。一个直观的解释就是我们常说的“物以类聚，人以群分”，判别一个人是什么样的品质特征，常常可以从他/她身边的朋友入手，所谓观其友，而识其人。

引用维基百科中的一个案例如图 3-3 所示，有两类不同的样本数据，分别用正方形和三角形表示，图正中间的圆点表示待分类的数据，现在我们采用 KNN 的思想来对该数据进行分类：

（1）如果 $k=3$，圆点的最邻近的 3 个点是 2 个三角形和 1 个正方形，少数从属于多数，基于统计的方法，判定这个待分类数据属于三角形一类。

（2）如果 $k=5$，圆点的最邻近的 5 个点是 2 个三角形和 3 个正方形，少数从属于多数，基于统计的方法，判定这个待分类数据属于正方形一类。

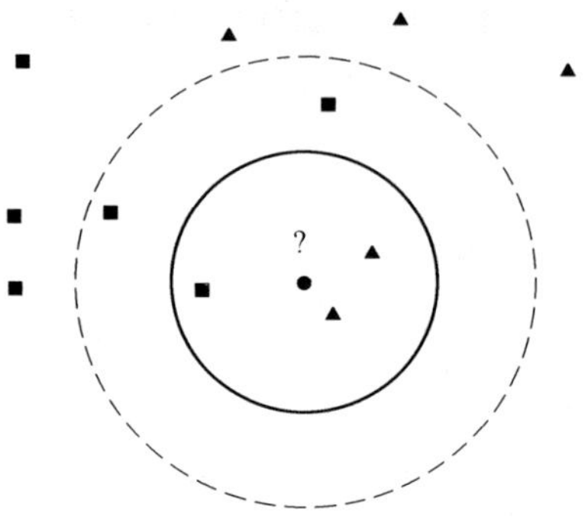

图 3-3　k 近邻算法示意图

上面的这个案例一方面解释了 KNN 算法原理的简单可行性，另一方面也揭示了算法使用时需要注意的两个点，即如何度量距离、如何选择 k 值。

案例中的度量方式采用的是欧氏距离，也是最常用的一种度量方式，但是在很多情况下，直接采用欧氏距离计算是不合理的，例如我们用一个人的身高（cm）和头发长度（cm）作为特征值，将样本数据分为男性或者女性两种类别，若直接采用欧氏距离进行度量，我们会偏向身高这一个特征，造成两个特征不等价，我们很可能将一些高个子的女性归类为男性，这样的分类效果较差。因此，在对样本进行度量之前，还需要进行归一化处理，从而保证各个特征对分类结果具有同样的重要性。

案例中不同 k 值的选择，直接导致分类结果的不同。在实际应用中，如果设定 $k=1$，模型很容易学习到噪声，而忽略了数据真实的分布情况，这就是所谓的过拟合，过拟合的模型在训练集上准确率非常高，但是在测试集上准确率低。如果设定 $k=N$，其中 N 为样本总数量，那么无论输入待分类实例是什么，都将简单地预测它属于在训练实例中最多的那一类，而这样的分类模型显然不是我们需要的。因此，k 值既不能过大，也不能过小，选取 k 值的关键是实验调参，类似于神经网络层数的参数设定，通过调整参数来得到一个较好的结果。

例 3.2　k 近邻案例

鸢尾花的部分数据集如表 3-3 所示。

表 3-3 鸢尾花部分数据集 (cm)

样本 ID	花萼长度	花萼宽度	花瓣长度	花瓣宽度	类别
1	5.1	3.5	1.4	0.2	0
2	4.9	3	1.4	0.2	0
3	4.7	3.2	1.3	0.2	0
4	4.6	3.1	1.5	0.2	0
5	5	3.6	1.4	0.2	0
6	5.4	3.9	1.7	0.4	0
7	4.6	3.4	1.4	0.3	0
8	5	3.4	1.5	0.2	0
9	4.4	2.9	1.4	0.2	0
10	4.9	3.1	1.5	0.1	0
11	7	3.2	4.7	1.4	1
12	6.4	3.2	4.5	1.5	1
13	6.9	3.1	4.9	1.5	1
14	5.5	2.3	4	1.3	1
15	6.5	2.8	4.6	1.5	1
16	5.7	2.8	4.5	1.3	1
17	6.3	3.3	4.7	1.6	1
18	4.9	2.4	3.3	1	1
19	6.6	2.9	4.6	1.3	1
20	5.2	2.7	3.9	1.4	1
21	6.3	3.3	6	2.5	2
22	5.8	2.7	5.1	1.9	2
23	7.1	3	5.9	2.1	2
24	6.3	2.9	5.6	1.8	2
25	6.5	3	5.8	2.2	2
26	7.6	3	6.6	2.1	2
27	4.9	2.5	4.5	1.7	2
28	7.3	2.9	6.3	1.8	2
29	6.7	2.5	5.8	1.8	2
30	7.2	3.6	6.1	2.5	2

数据来源：http：//archive. ics. uci. edu/ml/datasets/Iris.

表 3-3 中鸢尾花的四个特性依次是花萼长度、花萼宽度、花瓣长度、花瓣宽度，单位都是 cm。而鸢尾花有三种类别，类名分别是 setosa、versicolor、virginica，在上表中依次用 0，1，2 来替代。采用机器学习中的分类算法，构建分类模型。

解：本题采用 k 近邻算法（KNN）对鸢尾花的特征数据进行学习。

使用 sklearn 提供的 neighbors 模块来实现 k 近邻算法。首先将数据集分为训练集（21 个样本）和测试集（9 个样本），再使用 KNeighborsClassifier( ) 方法对模型进行训练，最后用测试集进行模型评价，准确率达到了 88.89%。案例 Python 源代码见附录 1。

3.2.3　决策树算法

决策树算法是一种基于树结构来进行分类的机器学习方法，其利用训练数据集得到一棵决策树用以对新的样本进行分类决策，其突出的优点是，可以生成易于解释的规则，避免了如神经网络的“黑箱”特性。例如，我们在进行“他是好学生吗?”的决策时，通常会进行一系列的判断（即子决策）：我们会先看“他的品德评价?”，若为“良好”，则再看“他的学习成绩?”，若为“A”，则接着看“他的体育成绩?”，若为“A”，则……，最后得到最终决策：他是好学生。

一棵决策树通常包含一个根节点、若干个叶节点和若干个内部节点。其中，叶节点对应决策结果，其他节点对应属性测试；从根节点到叶节点的每条路径都对应了一个属性测试序列；根节点包含训练数据集的所有样本，每个节点包含的样本根据属性测试的结果被划分到子节点中，最终每个叶节点的分类往往代表着属于该类的概率较大。

3.2.3.1　属性选择

决策树算法的关键是在分支节点（即根节点和内部节点）处选择最优的属性划分样本集。一般地，我们希望每一个分支节点所包含的样本尽可能属于同一类别，即样本集的“纯度”尽可能高。

我们通常用“熵”来表示信息的不确定性，并基于“熵”来量化信息对决策分类的贡献。假设当前节点的样本集 D 中第 k 类样本所占的比例为 p_k，样本的熵可以用以下公式描述：

$$Ent(D) = -\sum_{k=1}^{K} p_k \log_2 p_k$$

例如我们投掷一枚均匀的骰子，那么骰子出现 1~6 的概率是相等的，此时系统的熵为：

$$Ent(D) = -6 \times \left(\frac{1}{6}\log_2\frac{1}{6}\right) = \log_2 6$$

假如我们加一个特征，即被告知掷骰子的结果为奇数，那么奇数的结果只能为 1，3，5 这三种，此时系统的熵为：

$$Ent(D) = -3 \times \left(\frac{1}{3}\log_2\frac{1}{3}\right) = \log_2 3$$

由上面的案例可知，当我们知道的信息越多时，随机事件的不确定性就越小，相应的整个系统的熵就越小。我们建立决策树，就是希望找到一系列的属性节点，能够最大程度减小系统分类的不确定性，反过来说，给定一个属性，我们希望它给系统带来的信息增益越大越好，下面介绍信息增益的相关内容。信息增益定义为：

假设样本的离散属性 $A(A \in \Omega)$ 有 V 个可能的取值 $\{a^1, a^2, \cdots, a^V\}$，令 D^v 表示样本集 D 中所有在属性 A 上取值为 a^v 的样本的集合，属性 A 对应的条件熵为：

$$\begin{aligned} Ent(D \mid A) &= -\sum_{v=1}^{V} p(a = a^v) Ent(D \mid a = a^v) \\ &= -\sum_{v=1}^{V} \frac{|D^v|}{|D|} Ent(D^v) \end{aligned}$$

利用属性 A 对样本集 D 进行划分所获得的信息增益定义为：

$$Gain(A) = Ent(D) - Ent(D \mid A)$$

一般而言，属性 A 的信息增益越大，则使用属性 A 进行样本划分得到的样本集的纯度越高。因此，我们在分支节点处选择属性 $A^* = \arg\max\limits_{A \in \Omega} Gain(A)$ 划分样本集。

决策树经典算法 ID3 的核心思想就是在各个节点上使用信息增益来选择属性，从根节点开始，计算所有属性的信息增益，选择信息增益最大的属性作为节点属性，再根据该属性的取值建立子节点，再对子节点递归调用上述过程。

ID3 算法基于信息增益来构建决策树，会偏向选择分支多的属性，容易导致过拟合，C4.5 算法在 ID3 算法的基础之上，用信息增益比来选择属性，能够有效地对分支过多的情况进行惩罚，从而改善决策树算法的性能。其中信息增益比是指信息增益与属性 A 的熵之比，定义为：

$$R(A)=\frac{Gain(A)}{Ent(A)}$$

$Ent(A)$ 为属性 A 的熵，其计算公式与系统熵 $Ent(D)$ 近似，定义为：

$$Ent(A)=-\sum_{v=1}^{V}p(a=a^v)\log_2 p(a=a^v)$$

C4.5 算法与 ID3 算法建立决策树的流程近似，唯一的不同点在于，C4.5 算法采用信息增益比最大的属性来建立决策树节点。

3.2.3.2 连续值处理

实际应用中常常会遇到样本具有连续属性的情况。由于连续属性可能的取值不再有限，我们不能直接采用上述方法选择连续属性划分样本集。此时，我们可以采用二分法对连续属性进行离散化处理。

假定连续属性 a 在当前节点的样本集 D 上有 n 个不同的取值，将这些值从小到大进行排序，记为 $\{a^1, a^2, \cdots, a^n\}$ 。对属性 a 得到包含 $n-1$ 个元素的候选划分点集合 $T_a=\left\{\frac{a^i+a^{i+1}}{2}\middle|1\leqslant i\leqslant n-1\right\}$ ，其中，每一个划分点 $t\in T_a$ 都将样本集 D 中的样本按属性 a 的取值划分为两个子集。我们可以像离散的属性值一样考察这些划分点，选取最优的划分点对样本集进行划分。

例 3.3 决策树案例

某班级 8 位学生的头发长度、声音特征如表 3-4 所示，采用机器学习中的决策树算法，根据头发长度、声音特征来预测同学的性别。

表 3-4 某班级 8 位学生的特征数据

序号	头发长度	声音	性别
1	长	粗	男
2	短	粗	男
3	短	粗	男
4	长	细	女
5	短	细	女
6	短	粗	女
7	长	粗	女
8	长	粗	女

解：本题中，可以构建两种决策树 A 和 B（见图 3-4）。显然，这两种决策树都可以完成分类，下面我们将分别计算两种决策树对应的信息增益。

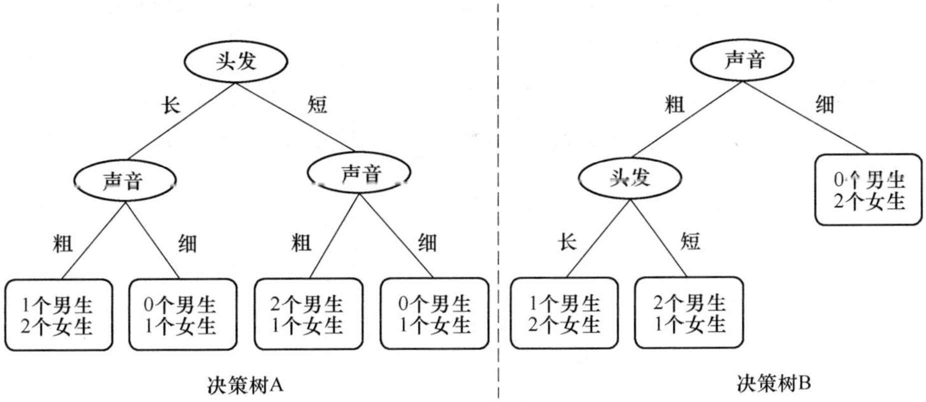

图 3-4 两类决策树示意图

针对决策树 A，首先计算未分类前的熵，总共有 8 位同学，男生 3 位，女生 5 位。

$$H_1 = -\frac{3}{8}\log_2\frac{3}{8} - \frac{5}{8}\log_2\frac{5}{8} = 0.9544$$

然后，计算分类后的熵：

$$\begin{aligned} H_2 = & \frac{4}{8}\times\left(-\frac{1}{4}\log_2\frac{1}{4} - \frac{3}{4}\log_2\frac{3}{4}\right) + \\ & \frac{4}{8}\times\left(-\frac{2}{4}\log_2\frac{2}{4} - \frac{2}{4}\log_2\frac{2}{4}\right) \\ = & 0.9057 \end{aligned}$$

最后，计算信息增益：

$$\Delta H = H_1 - H_2 = 0.9544 - 0.9057 = 0.0487$$

同理，决策树 B 的信息增益为 0.2044。因此，按决策树 B 的方法，先按声音特征分类，信息增益更大，区分样本的能力更强，更具有代表性。案例 Python 源代码见附录 1。

3.2.4 支持向量机

支持向量机（SVM）是一种典型的二分类模型算法，其目的是寻找一个超平面来对训练数据集中的样本以最大间隔进行划分。对于如图 3-5 所示的线性可分的两类数据，数据点中的分割线有无数条，SVM 就是其中一条分割效果最好的直线，这里所说分割效果最好，是指对于整个数据集而言，这条直线距离两类数据点最远，当有新的数据点时，我们采用这条直线将其分类就更可信。对二维平面中的数据点进行二分类，SVM 则对应一条直线，相应的对三维或高维数据点进行分类，SVM 则对应一个平面或者超平面。SVM 在视觉识别、生物信息学等各领域模式识别问题中应用广泛。

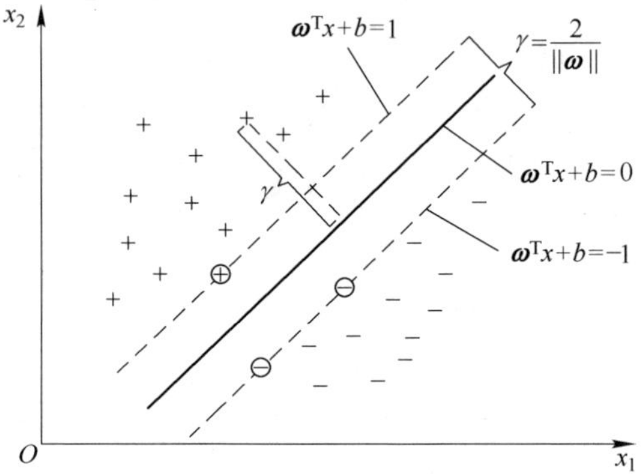

图 3-5　支持向量⊖和间隔 γ

给定训练样本集 $D=\{(x_1, y_1), (x_2, y_2), \cdots, (x_m, y_m)\}$，$y_i \in \{-1, +1\}$。在样本集 D 构成的样本空间中，超平面可表示为 $\boldsymbol{\omega}^{\mathrm{T}}x+b=0$，其中 $\boldsymbol{\omega}$ 为决定超平面方向的法向量，b 为决定超平面与原点之间距离的位移项。若超平面能正确划分训练样本，则满足

$$\begin{cases}\boldsymbol{\omega}^{\mathrm{T}}x_i+b \geqslant +1, & y_i=+1\\ \boldsymbol{\omega}^{\mathrm{T}}x_i+b \leqslant -1, & y_i=-1\end{cases}$$

被超平面正确划分且距离超平面最近的几个样本点被称为“支持向量”。两个分属不同类别的支持向量到超平面的距离之和 $\gamma=\frac{2}{\|\boldsymbol{\omega}\|}$，被称为“间隔”。

根据定义，SVM 是对数据集中的样本以最大间隔进行划分，因此，SVM 可表示为

$$\max_{\omega,\ b} \frac{2}{\|\boldsymbol{\omega}\|}$$

$$\text{s.t.}\quad y_i(\boldsymbol{\omega}^{\mathrm{T}}x_i+b) \geqslant 1,\ i=1, 2, \cdots, m$$

SVM 既可以直接进行优化求解，也可以采用更高效的算法求解，例如内点法、SMO 算法等。

例 3.4 SVM 案例

某班级部分学生的身高、体重如表 3-5 所示。

表 3-5 某班级部分学生的特征数据

序号	身高/cm	体重/kg	性别
1	170	54	男
2	171	67	男
3	172	65	男
4	173	60	男
5	174	65	男
6	175	70	男
7	153	42	女
8	156	44	女
9	157	48	女
10	158	52	女
11	159	43	女
12	160	50	女

采用机器学习中的 SVM 算法，构建分类模型。

解：本题中，使用 sklearn 库提供的 svm 模块中的 SVC( ) 方法来实现支持向量机算法。最终得到的结果如下：

超平面方程（二维问题中的超平面是一条线）的系数矩阵是 [−0.1724, −0.0690]，超平面方程的截距是 32.0345。故超平面方程是：

$$-0.1724x - 0.0690y + 32.0345 = 0$$

支持向量的点是 [170, 54]，[160, 50]。

分类情况以及超平面如图 3-6 所示，案例 Python 源代码见附录 1。

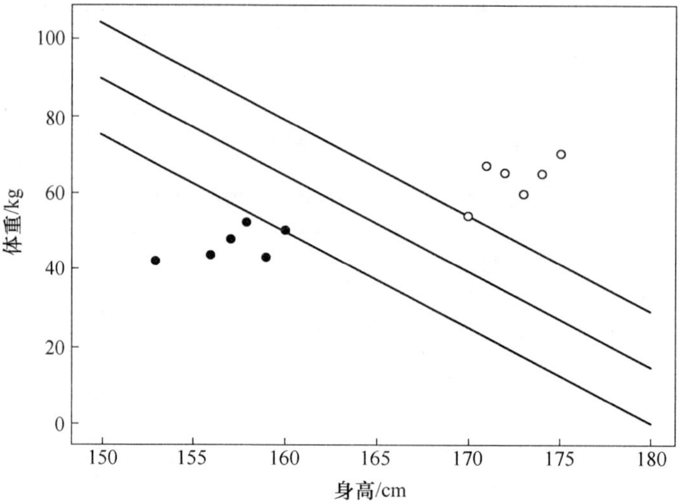

图 3-6　支持向量机分类效果图

3.3　神经网络分析与建模

人工神经网络（artificial neural networks，ANN）系统是 20 世纪 40 年代后出现的。它是一个非线性动力学系统，由众多的神经元通过可调的连接权值连接而成，具有大规模并行处理、分布式信息存储、良好的自组织自学习能力等特点。虽然单个神经元的结构极其简单，功能有限，但大量神经元构成的网络系统所能实现的行为却是极其丰富的。网络的隐层数、各层的神经元个数及网络的学习系数等参数可根据具体情况设定，灵活性很大，在优化、信号处理与模式识别、智能控制、故障诊断等许多领域都有着广泛的应用。

3.3.1　感知器与多层感知器

在生物神经网络中，每个神经元与其他神经元相连，当它“兴奋”时，就会向相连的神经元发送化学物质，从而改变这些神经元内的电位。如果某神经元的电位超过了一个“阈值”（threshold），那么它就会被激活，即“兴奋”起来，向其他神经元发送化学物质。

感知器就是一种模拟生物神经元的结构，有输入（input）、输出（output）、权重（weight）、激活函数（activation function）等部分。与生物神经元类似，单层感知器接受输入向量，对输入向量的各分量赋予权重并计算激活函数值，最终输出一个二分类的值，如输出 0 或 1。

单层感知器的拓扑结构如图 3-7 所示。感知器接受输入向量 $X = (x_1, x_2, \cdots, x_n)^T$ 并给出对应的输出为 $f(x) = g(\sum_{i=1}^{n} w_i x_i + b)$，其中 b 为一个常量，也被称作偏差（bias）；$W = (w_1, w_2, \cdots, w_n)$ 为输入向量中各分量对应的权重；$g(x)$ 为激活函数，通常使用具有连续性质的 sigmoid 函数，如图 3-7所示。

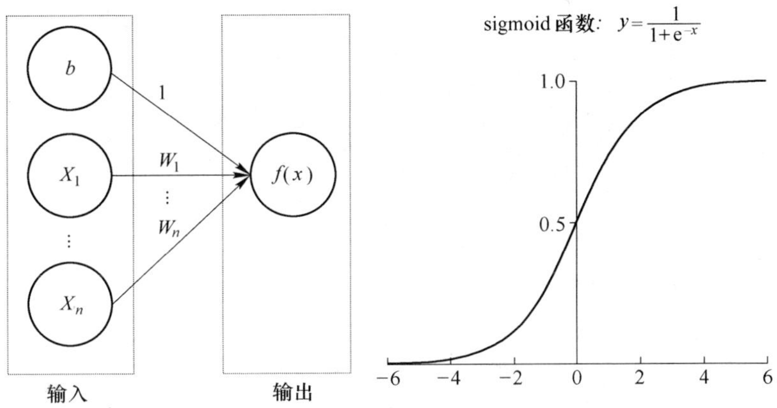

图 3-7 单层感知器结构和 sigmoid 函数图像

假设如图 3-7 的结构，$n = 2$，即输入变量包括两个分量，已知其中偏差 $b = -30$，现希望实现逻辑与（&）运算符，即通过学习赋予权重 w_1，w_2 合适的值，输出“$x_1 \& x_2 = ?$”。其中 x_1，x_2 取值 0 或 1，逻辑与运算规则如表 3-6 所示。

表 3-6 逻辑与（&）运算表

x_1	x_2	$x_1 \& x_2$
0	0	0
0	1	0
1	0	0
1	1	1

对于 w_1，w_2 一个可行的赋值办法就是 $w_1 = w_2 = 20$，此时输出量就是 $sigmoid(20x_1 + 20x_2 - 30)$，只有当 x_1，x_2 同时取 1 时，由图 3-7 可知 $sigmoid(10) \rightarrow 1$，感知器输出 1。

单层感知器能够完成线性可分的二分类任务，例如简单的逻辑运算：逻辑与（&），逻辑或（｜）等，但是无法完成更加复杂的运算，如逻辑异或（^），这就需要多层感知器来实现更加复杂的运算。多层感知器在输入和输出之间增加了多个由单层感知器构成的隐藏层（hidden layer），如图 3-8 所示，隐藏层处理上一层的输出，并向下一层提供输入。在多层感知器的基础上，采用向传播算法（back-propagation）进行学习，进一步带动了 BP 神经网络等经典机器学习算法的发展。

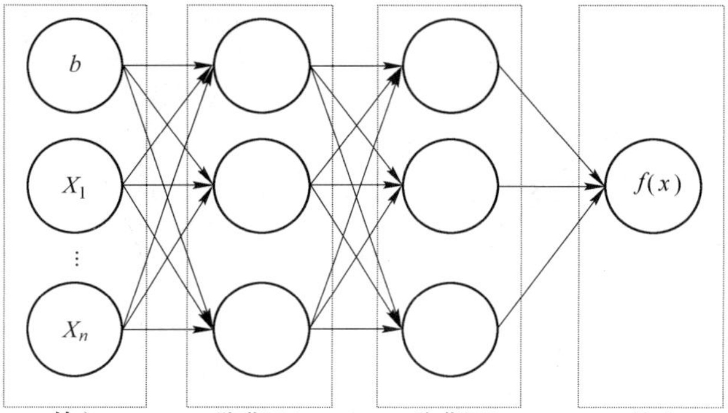

图 3-8　具有两个隐藏层的多层感知器

3.3.2　BP 神经网络

BP 神经网络即反向传播神经网络（back-propagation neural network），是按照误差逆向传播算法训练的多层前馈网络。在神经网络中输入数据从前向后依次经过所有的隐藏层计算并得到输出，以及此输出与期望输出之间的差异，称为“误差”；而训练神经网络的过程则是从后向前，根据最终输出结果的误差反推每个神经元权重应当如何调整。

如图 3-9 所示，给定一个用于训练神经网络的数据（X_k，Y_k），其中 $X_k = (x_1^k, x_2^k, \cdots, x_n^k)^{\mathrm{T}}$ 为输入，$Y_k = (y_1^k, y_2^k, \cdots, y_l^k)^{\mathrm{T}}$ 为期望的输出。记矩阵 $\boldsymbol{W}$ 为网络中的权值，$\hat{Y}_k = (\hat{y}_1^k, \hat{y}_2^k, \cdots \hat{y}_l^k)$ 为神经网络的输出，则均方误差为：

$$E_k = \frac{1}{2} \cdot \sum_{j=1}^{l} (\hat{y}_j^k - y_j^k)^2$$

训练神经网络的过程就是以最小化均方误差为目标，通过多次迭代调整神经元的权值，最终得到的 BP 神经网络对于指定的输入，所输出的结果能够非常接近期望输出。BP 神经网络的训练过程，就是将最终误差一层一层向前

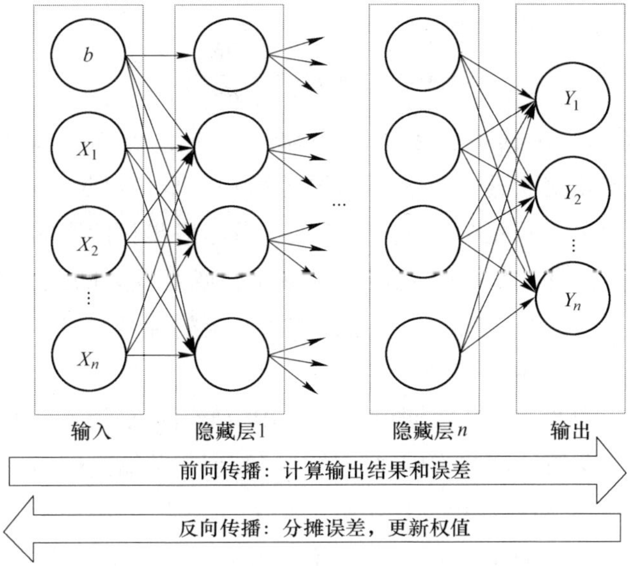

图 3-9 反向传播算法示意图

分摊到所有神经元，并不断更新权值的过程，这就是反向传播算法。

反向传播算法是一个迭代学习算法，在迭代的每一轮过程中根据学习规则对参数（权值）进行更新，任意参数 w 的更新形如：$w \leftarrow w + \Delta w$ 。

反向传播算法的框架：

（1）随机初始化所有权值在范围（0，1）之间；

（2）迭代更新所有权值，直到达到停止条件；

（3）输出神经网络。

反向传播算法目标在于最小化误差：

$$\min E_k = \frac{1}{2}\sum_{j=1}^{l}(\hat{y}_j^k - y_j^k)^2$$

其中 y_j^k 来自于训练数据，是已知的；$\hat{y}_j^k$ 是神经网络输出的结果，是关于权值 W 的函数，因此误差函数 E_k 是关于权值 W 的函数，现在需要解决的是一个无约束的非线性最优化问题。

采取梯度下降（gradient descent）策略对参数进行调整，w_{ij} 是权值矩阵第 i 行第 j 列的权值，则该权值的梯度为：

$$gradient = \frac{\partial E_k}{\partial w_{ij}}$$

则 Δw 为：

$$\Delta w = - stepsize \cdot \frac{\partial E_k}{\partial w_{ij}}$$

其中 $stepsize$ 是 w_{ij} 在其负梯度方向下降的步长，也称作学习率（learning rate）。步长的确定对于整个算法有重要的影响：步长过长导致振荡，步长过小导致训练速度慢，因此在训练过程需要充分考虑步长的影响。

迭代的终止条件一般可以是误差足够小，或者设置的最大迭代次数已经达到。迭代终止后，算法输出一个通过权值确定的神经网络。

例 3.5　BP 神经网络案例

针对例 3.2 中的鸢尾花数据集，采用 BP 神经网络构建花萼长度、花萼宽度、花瓣长度、花瓣宽度与类别之间的学习模型，并输出模型预测准确率。

解：BP 神经网络模型由三层组成：输入层、隐含层、输出层。输入层神经元的个数与特征数相关，输出层神经元的个数与类别数相同，隐含层的层数与神经元个数均可自定义。每个神经元代表对数据的一次处理。

本题中，构建的 BP 神经网络模型的输入层包含 4 个神经元，对应四种特征：花萼长度、花萼宽度、花瓣长度、花瓣宽度，输出层包含 3 个神经元，对应鸢尾花的 3 个类别。经过多次试验，确定隐含层有 2 层，第一层包含 5 个神经元，第二层包含 4 个神经元，此时预测效果较佳。

使用 sklearn 提供的神经网络模块 MLPClassifier 来处理分类问题。首先将数据集分为训练集（19 个样本）和测试集（9 个样本），再使用训练集对 MLPClassifier 模块提供的神经网络模型进行训练。

案例 Python 源代码见附录 1，训练后的神经网络模型的结果如下：

迭代次数：26 次

输入层至第一个隐含层的权重：

[[- 0.135， - 1.869， - 0.816， - 4.010， - 0.576]，
[- 0.665， - 2.883， - 0.252， - 1.683，0.063]，
[- 0.132，4.247， - 0.482， - 2.650， - 0.772]，
[0.278，2.195，0.096， - 1.676， - 0.493]]

第一个隐含层至第二个隐含层的权重：

[[0.644， - 0.677， - 0.752， - 0.539]，
[2.955， - 0.970， - 0.129，1.894]，
[0.054，0.313， - 0.301，0.304]，

[1.150， -0.786，0.408，0.255]，

[0.405， -0.358，0.472， -0.648]]

第二个隐含层至输出层的权重：

[[-8.504，2.199，5.061]，

[1.970， -2.369， -0.585]，

[-0.827，0.137， -0.654]，

[-9.137，5.347，3.589]]

通过测试集对模型进行评价，得到的结果如下：

准确率：100%

预测正确的样本数：9

预测错误的样本数：0

针对该案例而言，BP 神经网络比 k 近邻算法的预测准确率更高。有关神经网络的工业应用，读者可参考附录 2 中的案例 3，该案例采用 BP 神经网络对转炉钢液碳含量进行预测，并与终点钢液碳含量分析值进行比较。

3.3.3 深度学习概览

前面介绍的 BP 神经网络通过前向传播计算输出结果和误差，再通过反向传播不断更新权值，对于隐藏层较少、输入数据维度不大、模型不复杂的情况，是简单易行的解决方案之一。但是，当输入数据具有很高的维度、模型非常复杂时，例如图像识别问题中，一张图片所有的像素点都作为输入数据，反向传播算法由于过于庞大的计算量，并不能作为可行的解决方案。深度学习就是适用于复杂模型场景的人工智能算法。

众所周知，动物神经中神经元的数量越多，动物往往越聪明。神经网络亦是如此，神经元越多就越能够学习和处理复杂的模型。为了使输入数据的特征被更好地学习，在神经网络中增加隐藏层的数量，使得神经网络变得更深，从而能够应对更复杂的问题，这就是深度学习的基本思想。

但是在增加隐藏层的同时，问题也随之出现：(1) 大量待确定的参数导致训练过程中所需的计算力非常大，这在实际中是难以接受的。(2) 参数过多可能导致学习过程陷入局部最优或最终不收敛。

为了解决深度学习可能出现的问题，出现了多种深度学习算法，这些算法的本质就是通过各种不同的方法解决深层神经网络训练过程中计算开销过大的问题：

(1) 无监督逐层训练 (unsupervised layer-wise training)：每次训练一个隐藏层的节点（取上层的输出作为输入），逐层训练完成后，再对整个网络进行微调。

(2) 权共享 (weight sharing)：让一组神经元使用相同的连接权值，这样就减少了需要训练的参数的数量。

具有代表性的深度学习算法有：卷积神经网络 (convolutional neural networks，CNN)，CNN 就是基于权共享思想的深度学习算法；基于多层神经元的自编码神经网络；以及基于无监督逐层训练思想的深度置信网络 (deep belief networks) 等。

深度学习是基于深层神经网络的，也可以理解为：深度学习和训练的过程实际是将输入数据的特征逐渐提取，从底层特征提炼出少数高层特征，再用简单的模型拟合这些高层特征。

深度学习的应用场景非常广泛，在推荐技术、自然语言处理、图像/语音识别等领域都有突出的技术优势，随着计算技术的发展，深度学习能够处理的问题可以更加复杂，应用前景将会更为广阔。

3.3.4　神经网络的过拟合

使用神经网络时，可能会出现这样一种问题，网络在训练集上的表现非常好但在测试集上表现却比较差，这种情况很有可能是因为网络过拟合导致的。所谓过拟合，指的是当一个模型过于复杂之后，它可以很好地记忆每一个训练数据中随机噪声的部分而忘记了去学习训练数据中通用的趋势，如果一个模型中的参数比训练数据的总数还多，只要训练数据不冲突，这个模型就可以完全记住所有训练数据的结果而使得损失函数为 0。

导致过拟合出现的原因主要有以下四个方面：

(1) 建模样本选取有误，如样本数量太少，选样方法错误，样本标签错误等，导致选取的样本数据不足以代表预定的分类规则；

(2) 样本噪声干扰过大，使得机器将部分噪声认为是特征从而扰乱了预设的分类规则；

(3) 假设的模型无法合理存在，或者说是假设成立的条件实际并不成立；

(4) 参数太多，模型复杂度过高。

图 3-10 对比了神经网络模型和四次多项式的拟合效果，神经网络模型对训练数据的拟合效果明显优于多项式模型，但是就测试数据而言，多项式拟

合的效果普遍优于神经网络模型，神经网络的泛化能力较差，这从另一个角度说明，不能盲目追求模型精度，要防止过拟合降低泛化能力，需要在模型的精度和复杂度之间找到一个平衡。该结果同时也印证了前面提到的“无免费午餐”定理，没有一个模型能够在所有场景中都优于另一个模型。

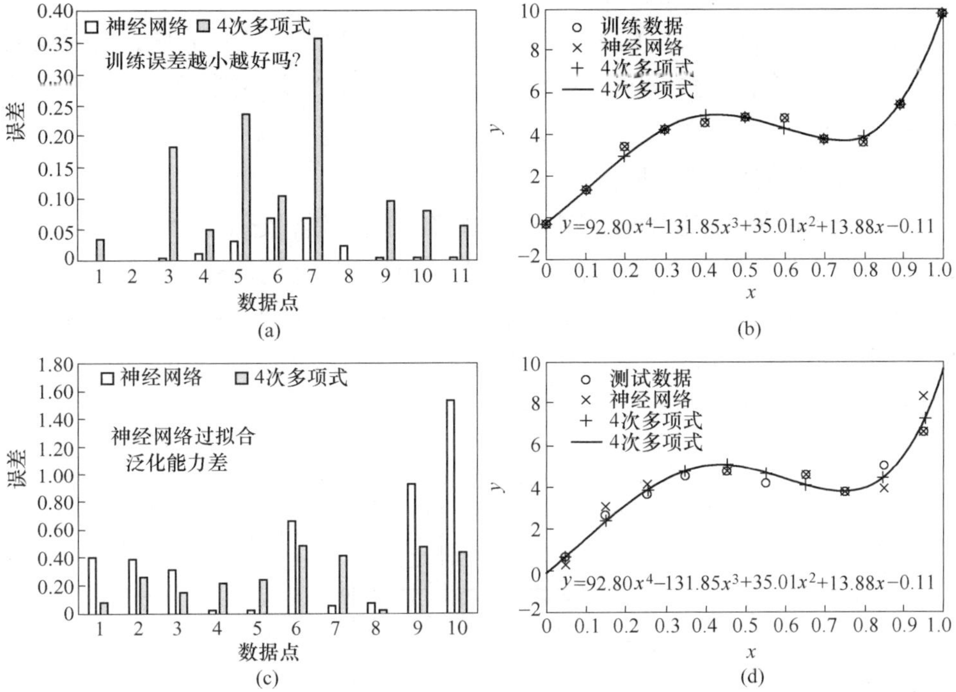

图 3-10　神经网络过拟合示例

（a）神经网络与 4 次多项式的训练误差对比；（b）训练数据拟合效果；

（c）神经网络与 4 次多项式的测试误差对比；（d）测试数据拟合效果

防止神经网络过拟合的方法有正则化、数据增强（增加训练数据样本）、Dropout、early stopping 等，感兴趣的读者可以进一步查看相关文献，这里不展开。

3.4　现代启发式算法

3.4.1　遗传算法

遗传算法是一种启发式搜索法，其灵感源自达尔文的自然进化论。遗传算法的计算过程也体现了进化论中的“优胜劣汰”——选择最合适的个体繁殖下一代，经过不断繁殖找到表现最优的个体。其在形式上是一种迭代方法，从选定的初始解出发，对一定数量个体组成的生物种群进行选择、交叉、变异等遗传操作，通过不断迭代计算过程，逐步改善当前解，直至最后搜到最优解或满意解。在计算中几个重要的参数为：染色体长度 L，种群大小 M，交叉概率 P_c，变异概率 P_m，终止代数 T。

该算法目前被广泛应用于机器学习、组合优化和智能计算中，同时也是计算机科学人工智能领域中用于解决最优化的一种启发式搜索算法，是进化算法的一种。

通常遗传算法有 5 个阶段：

（1）初始种群。遗传算法首先会选择一组个体，它们被称为一个“种群”。每个个体就是问题的一种解决方案，个体的特点就是有一组变量，叫做“基因”。这些“基因”会被加入到字符串中形成一个“染色体”，即解决方案，在“染色体”中我们对“基因”进行编码，形成 1 和 0 组成的字符串。初始种群的二进制编码如图 3-11 所示。

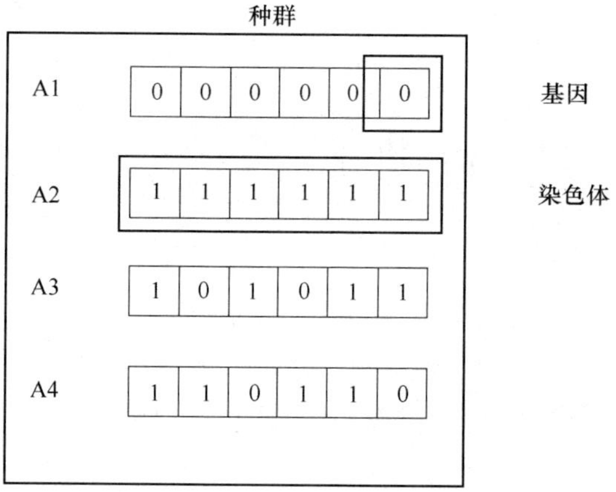

图 3-11 初始种群的二进制编码

编码理论是遗传算法效率的重要决定因素之一，主要有三大类编码方法：二进制编码方法、浮点数编码方法、符号编码方法。二进制编码是最常用的编码方式，算子处理的模式较多也较易于实现。但在实际问题中根据不同问题采用适合的方式进行编码，往往可以取得比二进制编码更高的效率。

（2）适应度函数。适应度函数用来决定一个个体的适应程度和其他个体进行竞争的能力，它会评估每个个体的适应度并得分，每个个体被选中用于繁殖的概率就是基于它的适应度分数。

(3) 选择运算。选择运算或称为复制运算，就是选出最适合的个体，让它们将基因传递给下一代。在运算中根据适应度得分选择两对个体作为父本，一般适应度更高的个体会有更高的几率被选中用于繁殖。

(4) 交叉运算。交叉运算是遗传算法中最重要的阶段，它是产生新个体的主要操作过程。对于每一对即将结合的父体，算法在基因中随机选择一个交叉点交换它们的部分染色体，产生新的基因组合，期望将有益基因组合在一起。

例如，考虑一种交叉点为3的例子，如图3-12所示。

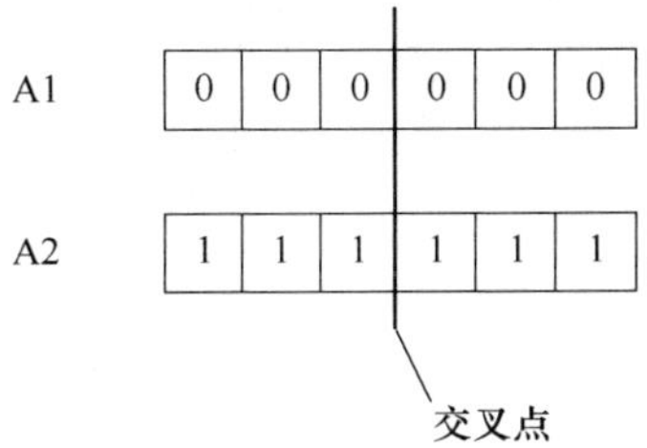

图3-12 交叉点为3的父本

交换父体中的基因来生成后代，直到达到交叉点，如图3-13所示。

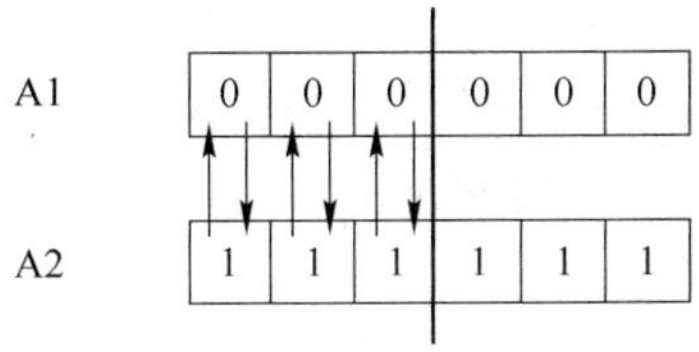

图3-13 在父本之间交换基因

然后将新生成的后代添加到种群中，如图3-14所示。

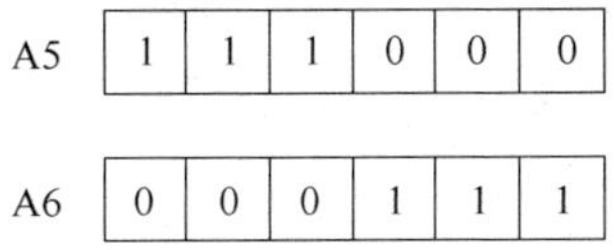

图3-14 产生新的后代

(5) 变异运算。变异运算是指在形成的新后代中，它们的一些基因会以较低的随机概率出现变异，也就是说字符串中的一些比特会发生变动。它也是产生新个体的一种操作方法，变异的发生是为了维护种群中的多样性，防止出现早熟收敛，如图 3-15 所示。

变异前

A5	1	1	1	0	0	0

变异后

A5	1	1	0	1	1	0

图 3-15 基因变异前与变异后

经过以上运算循环后，如果种群出现了收敛，即不再生成和之前几代有巨大差异的后代，遗传算法就会终止。那么我们就说遗传算法为问题提供了一组解决方案。

3.4.2 群智能算法

近年来，群体动物（如蚁群、鸟群、鱼群、蜂群等）的自组织行为引起了人们广泛的关注，其奇妙之处在于虽然个体行为简单且能力有限，但当其协同工作时却能够“涌现”出非常复杂的行为特征，且这种行为特征不是个体能力的简单叠加所能比拟的。如图 3-16 所示，个体能力有限的蚂蚁组成蚁群时，能够完成觅食、筑巢等复杂行为；鸟群在没有集中控制的情况下可以实现同步飞行。许多学者对这种行为进行了建模与仿真，由此产生了群智能。群智能是指一组简单智能体的集体智能的涌现。群智能在没有集中控制且未提供全局信息的情况下，能完成很多复杂任务，为寻找复杂优化问题的求解方案提供了很好的思路。

群智能算法中，蚁群算法是一种通过模拟自然界蚂蚁搜索食物的行为提出的仿生优化算法。仿生学家研究发现，蚂蚁个体之间是通过一种称之为信息素的物质进行信息传递的。蚂蚁在运动过程中，能够在它所经过的路径上留下该种物质，而且蚂蚁在运动过程中能够感知这种物质，并以此指导自己的运动方向。因此，由大量蚂蚁组成的蚁群集体行为便表现出一种信息正反馈现象：某一路径上走过的蚂蚁越多，则后来的蚂蚁选择该路径的概率就越大。蚂蚁的这种行为可以由图 3-17 来进行形象说明。图 3-17（a）表示蚁群在蚁巢和食物源之间的路径上移动，这是当前的一条最短路径；图 3-17（b）表示在原来路径上放置一个障碍物后，蚁群将以同样的概率向上、下方向行进；图 3-17（c）表示由于两条路径距离不同，导致在相同的时间内较短路径上通过的蚂蚁数更多，蚂蚁释放的信息素也更多，使得后来的蚂蚁以更大的

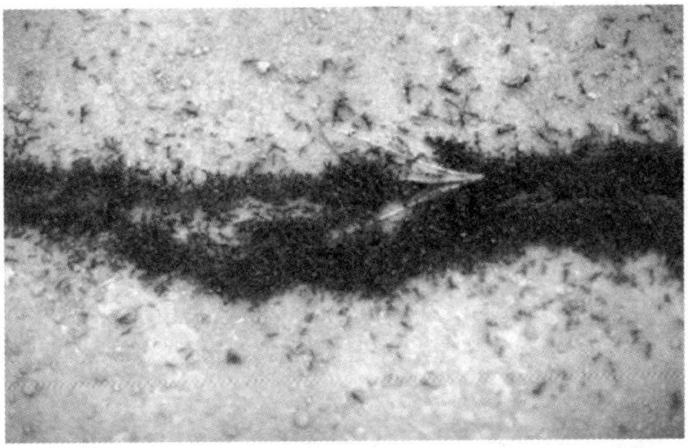

(a)

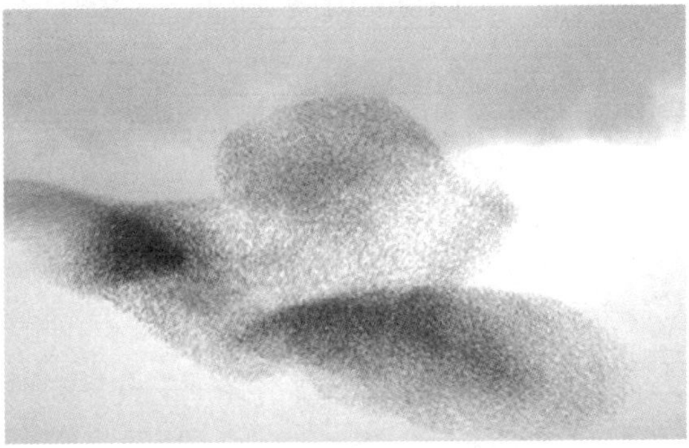

(b)

图 3-16 群智能的两个范例

（a）蚁群觅食行为；（b）鸟类群聚行为

概率选择较短的路径；图 3-17（d）表示经过一段时间后，几乎所有蚂蚁均选择了较短路径，这样，蚁群就重新找到最短路径。

(a)

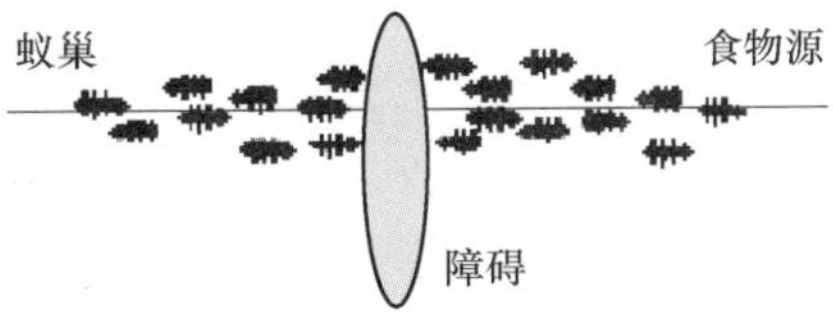

(b)

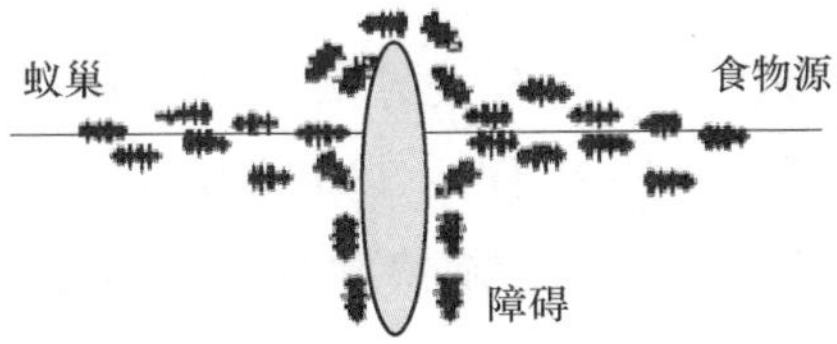

(c)

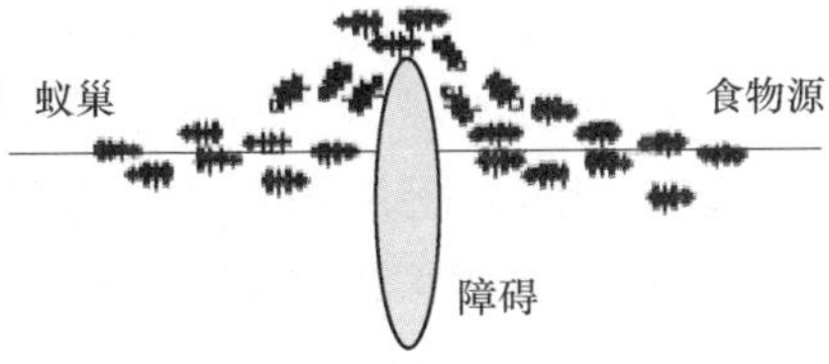

(d)

图 3-17 蚁群算法实现原理示意图

蚁群算法的这种特性使得它特别适合处理旅行商问题（traveling salesman problem，TSP）。TSP 问题是指给定 n 个城市和两两城市之间的距离，要求确定一条经过各城市当且仅当一次的最短路线。该问题描述起来虽然简单，但却是典型的组合优化问题，其计算时间随城市数 n 的增加呈指数级增长，其解空间为 $n!$，当 $n=100$ 时，解空间规模达到 9.33×10^{157}，无法通过枚举方式获得最优解。

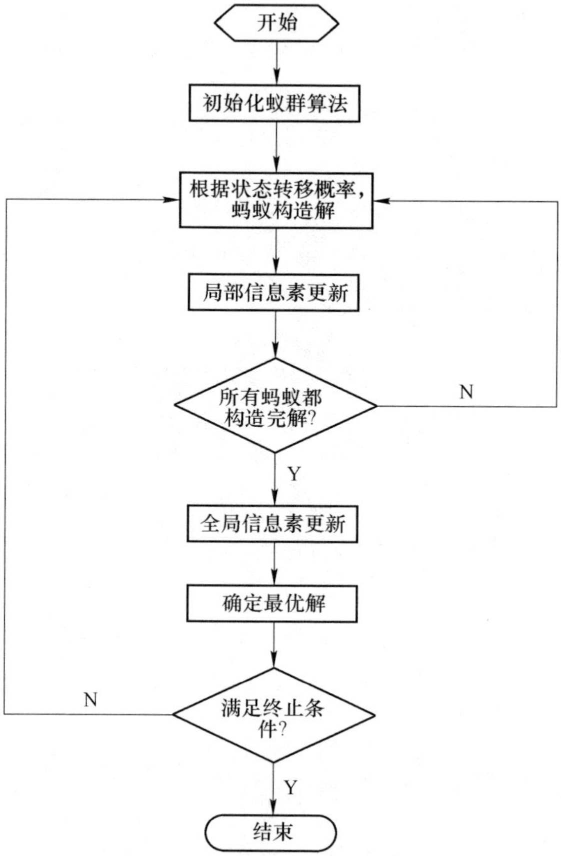

图 3-18　蚁群算法流程图

蚁群算法的出现为 TSP 问题的求解提供了一种有效方法，图 3-18 为蚁群算法的算法流程图，图 3-19 给出了蚁群算法优化得到的 TSP 最优路径，以及算法收敛过程。除 TSP 等问题外，蚁群算法已被用于解决热轧生产计划优化、车辆路径规划等多种实际问题。

典型的群智能算法还包括粒子群算法、差分进化算法、人工蜂群算法、

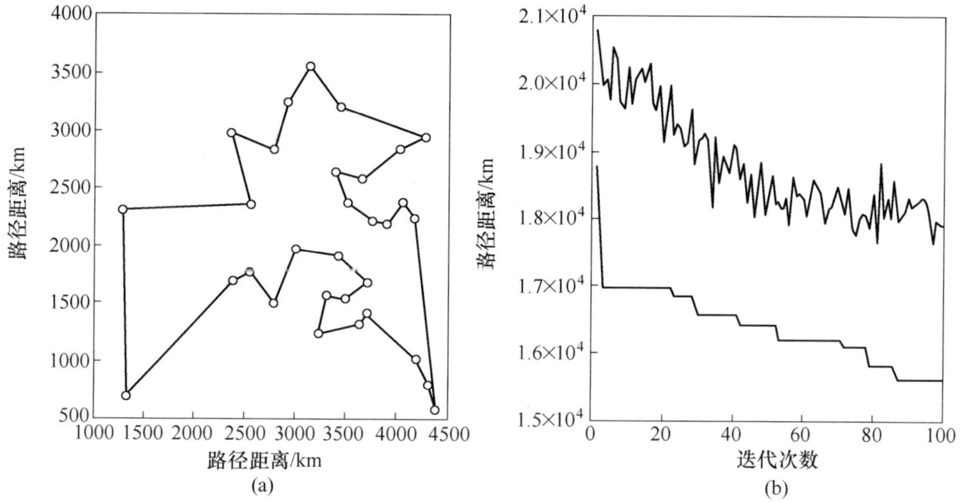

图 3-19 蚁群算法求解 TSP 问题

人工鱼群算法、混合蛙跳算法等多种算法，本质都是模拟动物的群体涌现特性进行优化，近些年在基于 Pareto 的多目标优化方面有较大进展，感兴趣的读者可以查看相关文献，这里不再展开。

群智能算法与以遗传算法为代表的进化算法都是源于自然、基于种群的启发式概率型算法，但它们之间也存在着本质的区别：（1）它们模拟的系统原型不同。群智能算法模拟群体性动物的群体行为，而进化算法则是模拟生物进化系统。（2）群智能算法强调“群体协作”，不好的个体向好的个体学习来完善自己，而进化算法则强调“适者生存、优胜劣汰”，即个体之间存在的竞争关系。（3）相比进化算法，群智能算法易于实现，可调参数少，算法流程简单。正是由于这些独特的特性，使得群智能算法在近年来得到了广泛的研究。

3.4.3 模拟退火算法

退火是钢铁专业工程师非常熟悉的工艺过程。模拟退火算法是模拟熔化状态下物体由逐渐冷却至最终达到结晶状态的物理过程。鉴于物理中晶体物质的退火过程与一般组合优化问题的相似性，若把目标函数看成能量函数，控制参数视为温度，解空间作为状态空间，那么模拟退火算法寻找最终状态的过程就是求目标函数极小值的优化过程，模拟退火算法流程如图 3-20 所示。模拟退火算法是局部搜索算法的扩展，从理论上来说，它是一个全局最优算法，适合解大规模组合优化问题的近似算法。

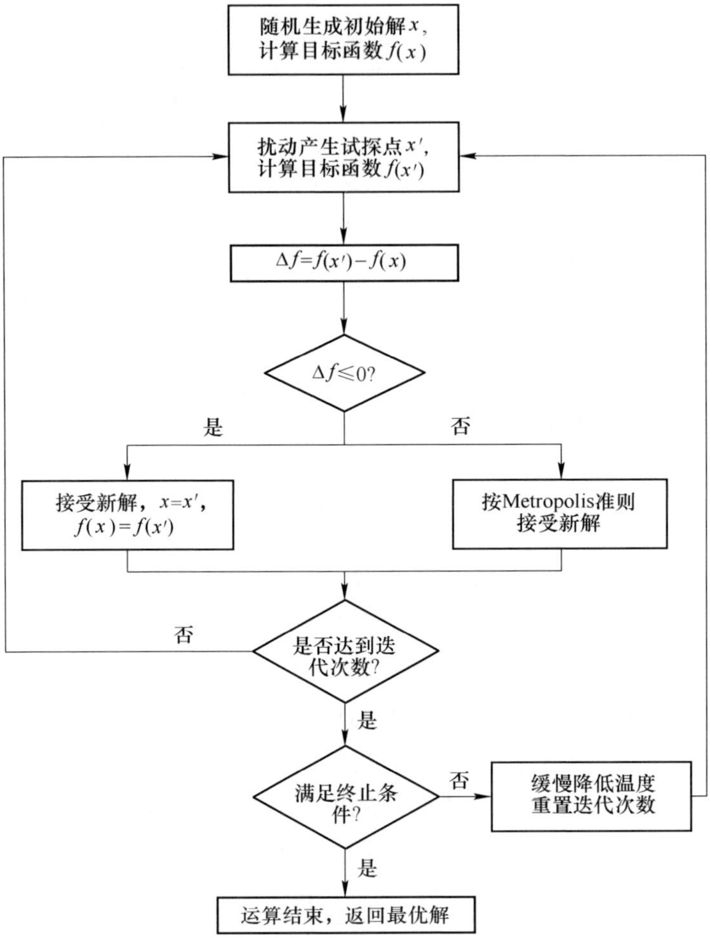

图 3-20　模拟退火流程

在实际应用中，我们可以将目标函数值f模拟为物体的内能E，将控制参数模拟为温度T，然后从一个给定解开始，从其邻域中随机产生一个新解，接受准则允许目标函数在一定范围内接受使目标函数恶化的解，算法持续进行“产生新解——计算目标函数差——判断是否接受新解——接受或舍弃”的迭代过程，即模拟物体在某一恒定温度下趋于热平衡的过程。

经过大量的解变化后，可以求得给定控制参数T值的时候优化问题的相对最优解。然后减小控制参数T的值，即退火，并重复执行上述迭代过程。当控制参数逐渐减小并趋于零时，系统也越来越趋于平衡状态，最后系统状态对应于优化问题的整体最优解。退火过程由一组称作冷却进度表（cooling schedule）的参数控制，包括控制参数的初始值 T 以及衰减因子 ΔT 、每个 T 值时的迭代次数（称为一个 Mapkob 链的长度）L 和终止条件 S 。

与以往的近似算法相比，模拟退火算法具有描述简单、使用灵活、运用广泛、运行效率高和较少受初始条件约束等优点，而且特别适合并行计算，被应用于图像处理和计算机视觉、超大规模集成电路的计算机辅助设计等众多工程和科学领域。

4 数字仿真原理与应用

前面章节介绍的数学模型都可以用较为简洁的数学公式表达，但是在实际工程问题中，系统模型存在大量随机变量且变量间存在复杂非线性关系，难以建立解析模型并求解，如何对方案进行快速、低风险、低成本的评价和验证，这就涉及到本章的数字仿真技术。数字仿真是一个很宽泛的概念，在很多学科中都会用到，从蛋白质结构到地壳运动、从自动控制到社会学动态模拟，随着计算机科学的发展，数字仿真在几乎所有理工科都有相关的研究和应用。计算机数字仿真利用计算机仿真技术，对管理过程或物理过程进行模拟，对理化世界进行分析和展示，具有系统复杂性、绩效可量化性、快速实验性、低风险和低成本性、易于理解和沟通的特点，能够有效提高分析工程问题的效率。

如图 4-1 所示，计算机数字仿真包括三个基本活动，即系统建模、仿真建模和仿真实验。其中系统建模是通过对实际系统的观测和检测，在忽略次要因素及不可检测变量的基础上，用物理或数学的方法进行描述，从而获得实际系统的简化近似模型，在前面第 2 章我们已经介绍了一些基础的建模方法；仿真建模是将系统模型转化为仿真模型的过程，仿真模型反映了系统模型同计算机之间的关系，它能为计算机所接受并在其上运行，这也是本章将介绍的主要内容；仿真实验是将仿真模型置于计算机仿真平台上运行的过程。

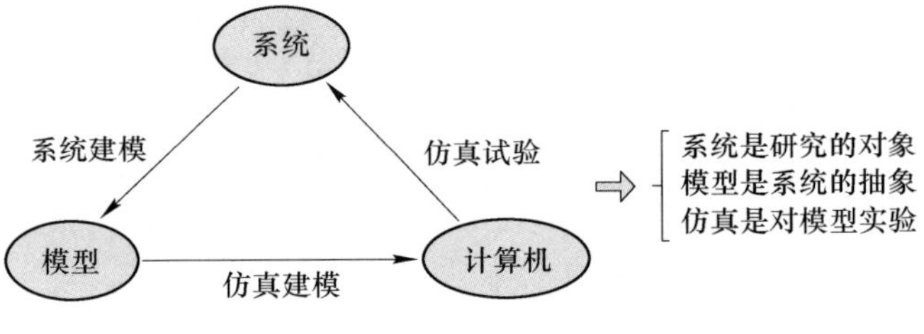

图 4-1　计算机仿真的三个活动

不同学科的数字仿真模型和仿真平台千差万别，本章主要面向钢铁行业工程应用领域，介绍基于 Simulink 的连续系统仿真和基于 AnyLogic 的离散事件系统仿真。

4.1 连续系统和离散事件系统的数字仿真

系统状态随时间连续地变化，通常用常微分方程、偏微分方程、差分方程等描述的系统称为连续系统，该类系统的仿真为连续系统仿真。常见的连续系统包括过程控制系统、调速系统、随动系统等，常用于钢铁冶金、电力电子、石油化工、航天航空等领域中，社会经济系统也是一种连续系统。连续系统仿真根据应用场景一般可分为两类：（1）面向工艺、动力学、热过程的连续系统仿真，常用仿真平台为 Ansys 等；（2）面向控制类的连续系统仿真，常用仿真平台为 Simulink 等。下面将简要介绍两个典型的连续系统仿真模型，方便读者更为直观地理解两类连续系统仿真模型的差异性。

图 4-2 所示为电渣重熔过程仿真模型，利用计算机对模型方程进行求解，最终给出对象多物理过程的动态仿真结果，进而为制造工艺提供支持。

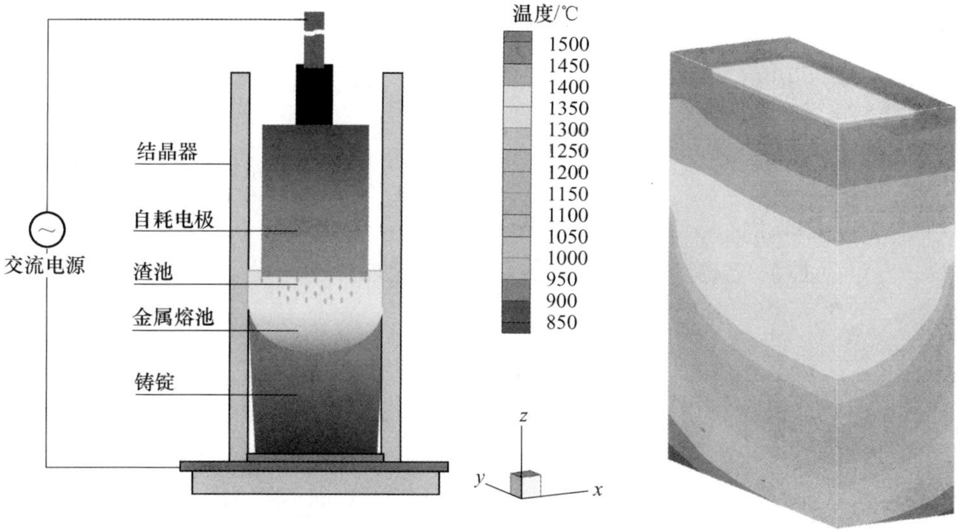

图 4-2 电渣重熔过程仿真模型

如图 4-3 所示的直流电机仿真模型，通过计算机对模型方程的求解、对模型方程中关键变量的实时监控来分析和评估电机的各项性能指标，电机运行受关键变量的实时变化的数值控制。

基于上面的案例，我们给出连续系统的一般数学描述：设连续系统的输入变化量为 $u(t)$，其中 t 为连续取值的时间变量，系统的输出为 $y(t)$，三者之间可以用函数 $y(t)=f(u(t), t)$ 表示。

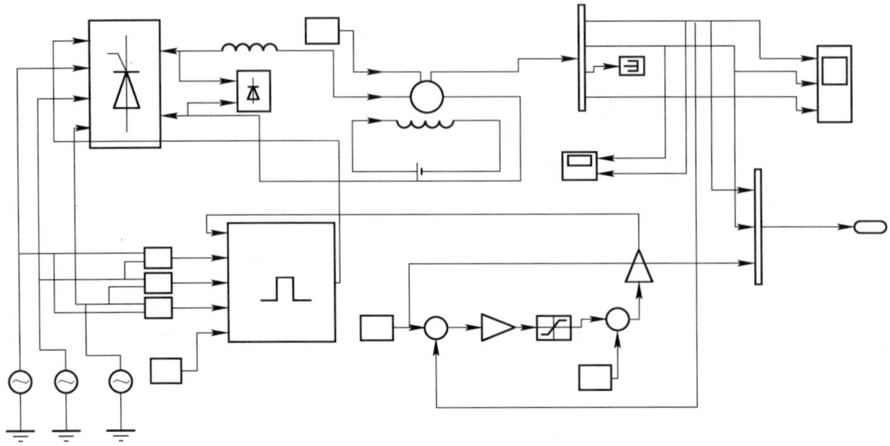

图 4-3　直流电机仿真模型

连续系统数字仿真是用计算机对连续系统进行数字仿真试验的方法，连续系统数字仿真的步骤大致是：

（1）用一组数学方程或结构图来描述系统，例如对于 Simulink 这一类仿真平台，则是用积分器、加法器、系数器和各种函数发生器来构建数字模拟图；

（2）设置系统变量和参量的幅度比例尺，使它们落在模拟计算机的最大线性工作范围之内；

（3）根据系统的变化快慢和仿真试验的要求，设置系统仿真的时间比例尺；

（4）对仿真系统进行检查，确保它的正确性；

（5）计算机运行仿真系统，求解仿真系统方程，并记录系统响应；

（6）修改参数，重复运行，对仿真系统进行规定的试验研究。

我们观察到的世界上绝大多数过程是由连续的变化所构成的，然而，当我们试图分析这些过程时，分解连续系统为离散事件系统以简化分析是很有意义的。离散事件系统以非连续的事件近似连续的真实世界，主要用于以过程为中心的建模。以过程为中心的建模是中等偏下抽象度的建模途径，用户可以忽略很多“物理层”的细节，如精确的几何形状、加速和减速。离散事件系统仿真方法是用计算机对离散事件系统进行仿真实验的方法，通过按时间顺序排列的一组事件序列来驱动和表示系统。针对单个个体的事件序列，一般由到达、排队、开始服务、结束服务、离开等一系列连贯的事件组成，事件发生在某一刻，相应的系统状态也会发生改变。离散事件仿真实验的步骤包括：

（1）画出离散事件系统的工作流程图；

（2）确定到达模型、排队模型和服务/生产模型，它们构成离散事件系统的总体仿真模型；

（3）基于离散事件系统仿真平台编制描述系统活动的仿真运行程序；

（4）添加数据处理和统计模块,用于记录仿真过程中的数据并给出统计结果；

（5）设置预热时间和仿真时间，并在计算机上运行离散事件系统仿真程序；

（6）输出仿真结果并分析感兴趣的数据，例如在生产线仿真模型中，我们一般分析设备利用率、生产负荷、库存、产量等数据。

离散事件系统仿真广泛用于制造、物流、医疗等领域的生产调度、资源配置、库存平衡等问题的分析和设计。下面将简要介绍两个典型的离散事件系统仿真模型，方便读者更为直观地理解离散事件系统仿真的原理和工程用途。

如图 4-4 所示的生产流水线仿真模型，到达模型对应原材料的到达，服务模型对应机器 1 和机器 2 的加工行为以及叉车的运输行为，服务顺序体现在机器 1 的加工行为结束才能进入叉车运输环节，叉车运输行为结束才能进入机器 2 的加工行为。针对该仿真模型，无需求解复杂的方程，只需在大范围内随意探索各种可能性，并给出统计输出，包括平均制造周期、机器利用率、产出率等，从而提供决策支持，有效缩短制造周期。

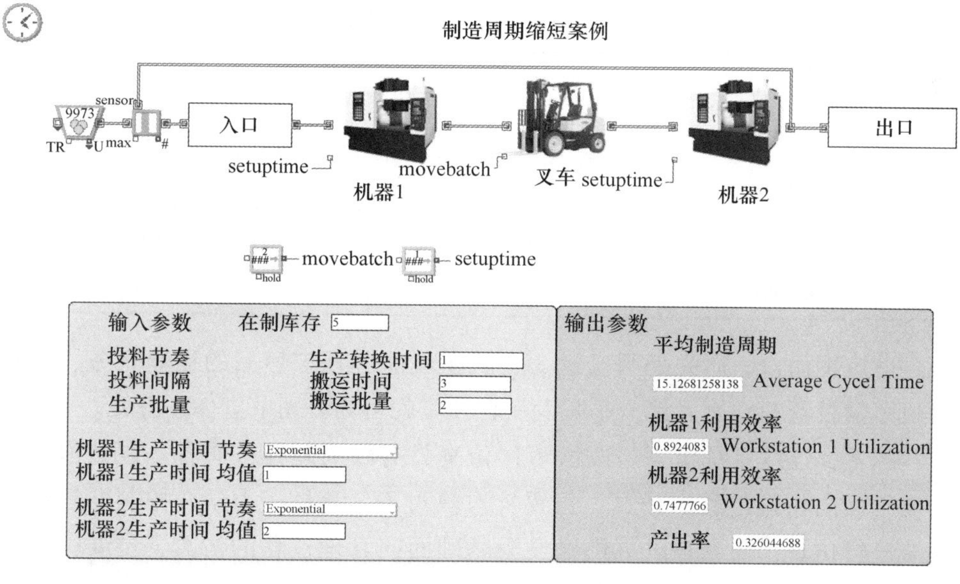

图 4-4 生产流水线仿真模型

如图 4-5 所示的宝钢 4 高炉后机车配置决策模型，根据不同种类铁水罐车的工艺要求，对铁水预处理设备能力、铁路运输能力和机车配置进行仿真，统计评估各项技术指标，为设备配置、生产作业提供科学决策依据。

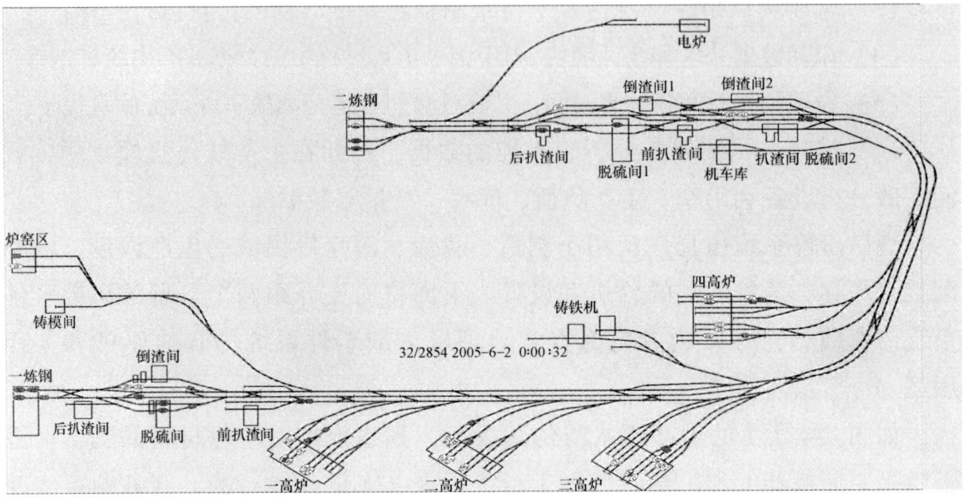

图 4-5　宝钢 4 高炉后机车配置决策模型

该模型在宝钢四高炉铁路网方案论证和宝钢二炼钢扩容运输设备配置方案论证中成功发挥了决策支持作用，其仿真输出如表 4-1 所示。

表 4-1　四高炉后机车配置决策模型仿真结果

试验参数	仿真结果	
机车数量/台	4	5
TPC 滞留时间/min	450	318
可处理的 TPC 总量/台	73	80
机车有效作业率/%	95	76

就宝钢而言，研究表明投运 5 台机车就能胜任扩容后的运输任务，以每台机车需投资 800 万元计，每减少一台预算就可为公司节省 800 万元。

综上，连续系统仿真与离散事件仿真具有较大差异：前者是以数值计算为基础面向物理过程的仿真，主要针对热过程、流体、力学、控制器等连续系统进行仿真；后者是以事件触发为基础面向管理过程的仿真，主要针对生产、供应链、库存、物流等离散过程进行仿真。

4.2 基于 Simulink 的连续系统仿真

4.2.1 仿真平台介绍

针对连续系统数字仿真的工具软件一般是以对常微分方程组的求解算法为基础，通过软件给出便于工程师理解的交互界面，该类工具结合常规计算或者工程设计方法，让工程师可以专注于自己感兴趣的对象进行计算或者仿真。

基于这类工具的仿真平台，可以通过改变控制参数来尝试各种方案的可行性以及预先了解现实系统的一些指标，如超调量、响应时间等。仿真软件一般情况下不带来误差，但是面临步长设置不合理、对象模型参数错误、微分方程变量很多等情况时可能产生误差。

本节主要介绍在工程领域应用广泛的连续系统数字仿真平台 Simulink。Simulink 是 MATLAB 中的一种可视化仿真工具，它基于 MATLAB 的框图设计环境来实现动态系统的建模、仿真和分析，被广泛应用于线性系统、非线性系统、数字控制及数字信号处理的建模和仿真中。Simulink 可以用连续采样时间、离散采样时间或两种混合的采样时间进行建模，它也支持多速率系统，也就是系统中的不同部分具有不同的采样速率。为了创建动态系统模型，Simulink 提供了一个建立模型方块图的图形用户接口（GUI），这个创建过程只需单击和拖动鼠标操作就能完成，它提供了一种更快捷、直接明了的方式，用户可以立即看到系统的仿真结果，通过这种交互式图形化环境和可定制模块库，用户可以便捷地在 Simulink 平台上对连续系统进行设计、仿真、执行和测试。

4.2.2 仿真实例

例 4.1 比例微分控制器仿真

现有一个执行机构，其传递函数为：

$$\frac{1}{(s-1.1)(s+1.1)}$$

显然，这个传递函数是发散且不稳定的，其开环阶跃响应曲线如图 4-6 所示。

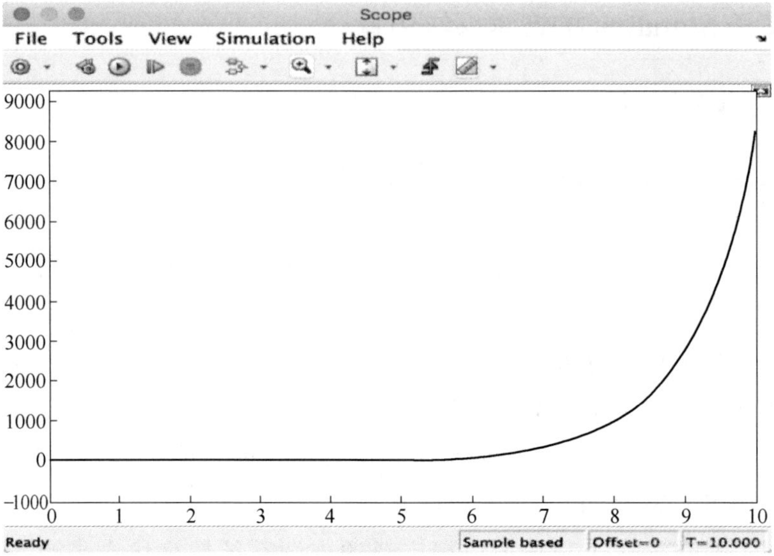

图 4-6　开环阶跃响应曲线示意图

加入比例微分控制器，其数学描述为：

$$u(t) = K_p e(t) + K_d \frac{\partial e}{\partial t}$$

建立 Simulink 仿真模型如图 4-7 所示。

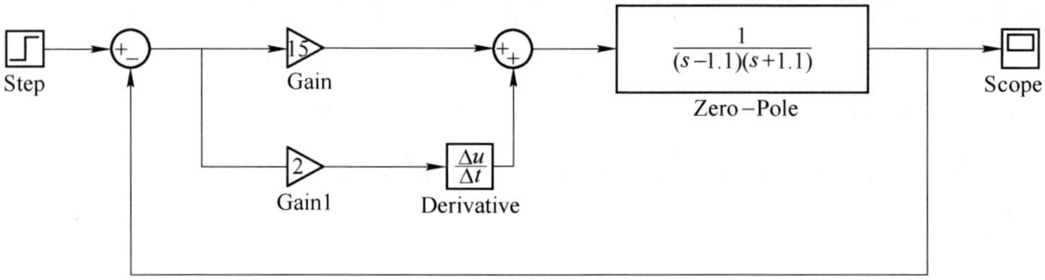

图 4-7　比例微分控制器的 Simulink 仿真模型

各个模块的参数设置为：

Derivative 模块：来自 Continuous 子库、微分器，其输入为 $e(t)$；

Gain 模块：控制器比例项系数，即 $K_p = 15$；

Gain1 模块：控制器微分项系数，即 $K_d = 2$；

Zero-Pole 模块：设置 Zeros 零点为 [ ]，Poles 极点为 [1.1 -1.1]，Gain 增益为 1，其余默认。

仿真时间设置为 20s，最大仿真步长设置为 0.01，绝对误差设置为 10^{-6}。

仿真结果如图 4-8 所示，在阶跃信号的作用下，系统不断地对位置误差进行控制修正，最终系统达到了稳定状态。更进一步地，我们还可以通过调整 K_p、K_d 以获得更好的性能。

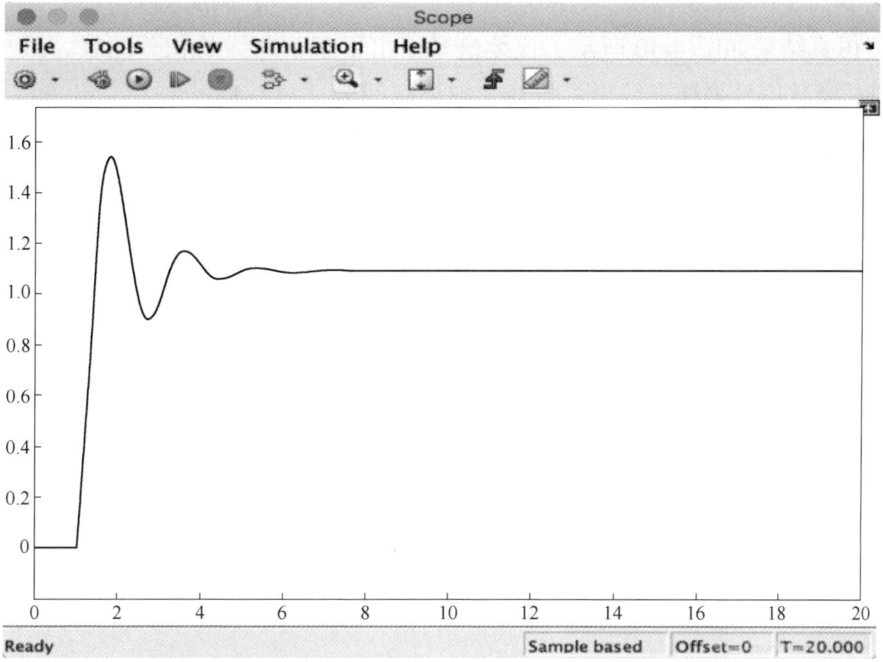

图 4-8 比例微分控制器的 Simulink 仿真输出

例 4.2 混合系统仿真

Simulink 可以模拟连续信号和离散信号，如图 4-9 所示为一个简单的混合

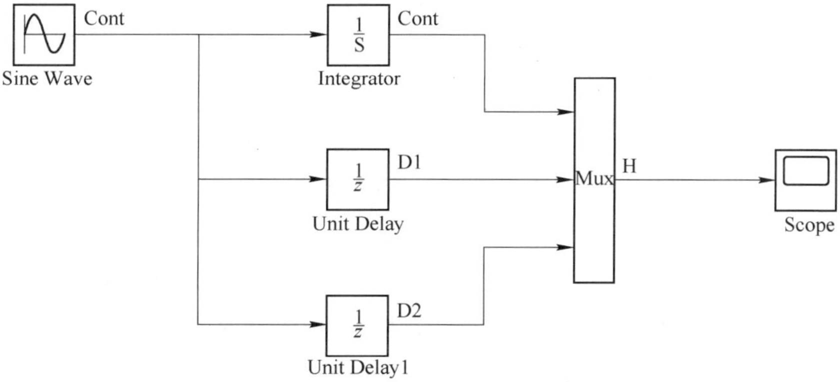

图 4-9 混合系统的 Simulink 仿真模型

系统，其中 Integrator 模块为积分模块，对输入信号进行积分并输出连续信号，两个 Unit Delay 模块为单位延时模块，对输入信号延时一个采样周期并输出离散信号。其中 Unit Delay 模块采样时间是 0.5s，Unit Delay1 模块采样时间是 1.2s。

仿真结果如图 4-10 所示，连续信号输出了正弦曲线的积分曲线，最小值为 0，离散信号采样点输出为折线，取值区间为［-1，1］。

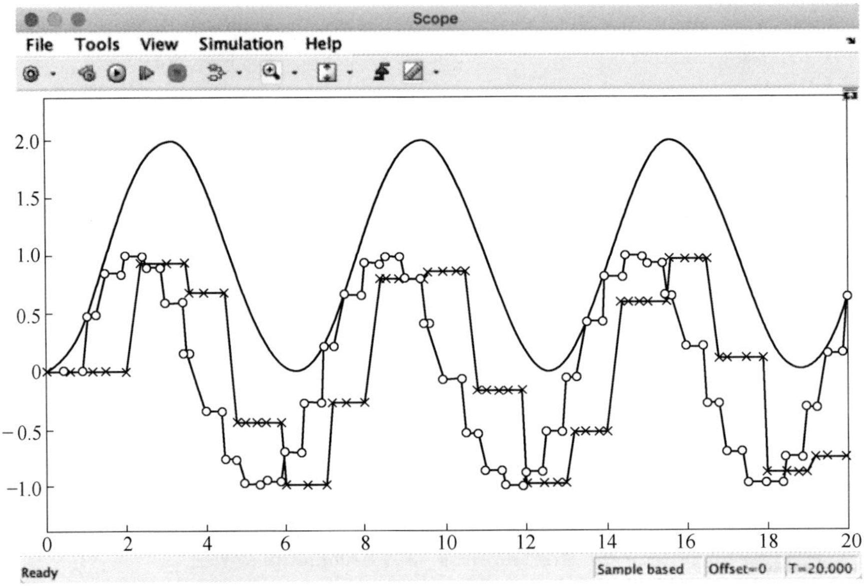

图 4-10　混合系统的 Simulink 仿真输出

4.3　基于 AnyLogic 的离散事件系统仿真

4.3.1　仿真平台介绍

AnyLogic 是一款应用广泛的，对离散、系统动力学、多智能体和混合系统建模和仿真的工具，可用于创建二维和三维动画。它的应用领域包括：物流、供应链、制造生产业、行人交通仿真、业务流程、服务系统、应急管理、港口机场、疾病扩散等。AnyLogic 所有的建模技术都是以 UML-RT，Java 和微分方程为基础的，用户并不需要另外再学习其他语言或图形语言。

AnyLogic 的可视化开发环境支持模块拖放操作，能够方便地实现复制/粘贴等模型编辑操作，还可以通过创建统计图表收集各类统计数据。AnyLogic

具有多种交互控件，可以制作丰富的人机交互界面，且仿真模型可以作为独立的 Java 应用程序导出，脱离软件环境，使用 IE 网页浏览器运行。AnyLogic 的数据功能也非常丰富，可以读/写文本、Excel、数据库等文件，可以导入图片、三维模型、CAD 图，同时支持仿真、优化、蒙特卡罗、敏感性分析等多种实验类型。

4.3.2 仿真实例

例 4.3 银行排队仿真

假设某银行提供 ATM 机和人工柜台服务，现在拟通过建立该银行的服务仿真模型，评估柜台员工的工作负荷以及 ATM 机前客户的排队情况。首先，给出该银行业务相关描述如下：

（1）平均每小时有 44 人到达银行；

（2）进入银行后，一半客户去 ATM，另一半去柜台；

（3）ATM 的业务办理时间最短 1min，最长 4min，最常见 2min；

（4）柜台的业务办理时间最短 3min，最长 20min，最常见 4min；

（5）有 30%的客户用完 ATM 后，继续到柜台办理业务，其余的则离开银行；

（6）银行柜台共有 4 名员工，所有等待办理业务的客户统一排队；

（7）柜台业务办理结束后，客户离开银行。

现在希望研究系统的以下性能参数：

（1）柜台员工的工作负荷；

（2）ATM 前面的平均排队长度。

创建一个基于 AnyLogic 的仿真模型如图 4-11 所示，相关参数如下：

（1）客户到达率为每分钟 0.74 人；

（2）客户进入银行后，50%去 ATM 机，50%去柜台；

（3）ATM 的业务办理时间服从三角分布，为 triangular（1，2，4）min；

（4）柜台的业务办理时间服从三角分布，为 triangular（3，4，20）min；

（5）在 ATM 机办理完业务的客户，30%去柜台继续办理其他业务；

（6）共有 4 名柜台员工。

其中 source 模块仿真客户到达，设定到达速率为 0.74；selectOutput 模块用于模拟客户分流，设置概率为 0.5，即假设从 source 模块到达客户有 50%去往 ATM，剩余 50%去往柜台；queue 模块模拟 ATM 队列，设定队列最大容量为 14，即队列最多容纳 14 人；ATM 模块为服务延迟元件，用于模拟服务时

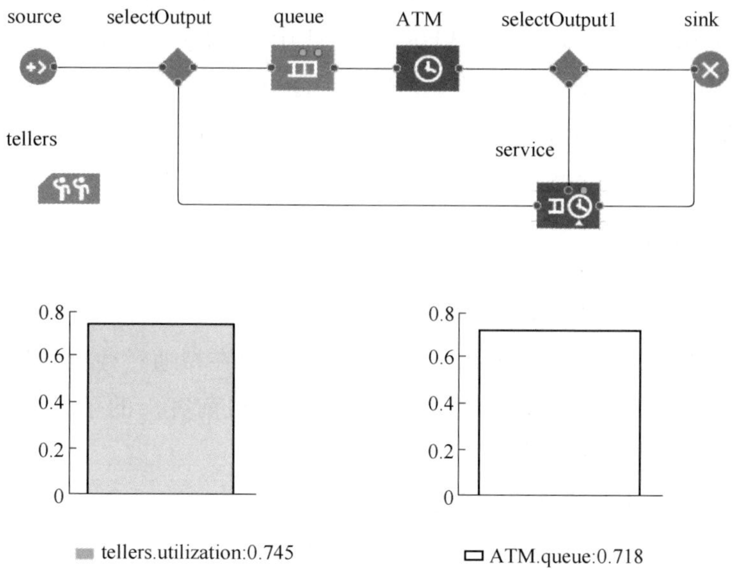

图 4-11 银行排队系统的 AnyLogic 仿真模型

间，延迟时间设置为 triangular（1，2，4）；selectOutout1 模块用于模拟客户分流，设置概率为 0.7，即假设从 ATM 模块出来客户有 70%离开银行，剩余 30%去往柜台；tellers 模块为 resource pool 元件，用于模拟 4 个员工，设置模块容量为 4；service 模块用于仿真柜台服务，设定 service 的队列容量为 20，延迟时间为 triangular（3，4，20），指定资源为 tellers；sink 模块用于接收走完整个流程的客户信息，一般在仿真模型进程结束时使用该模块；tellers. utilization 模块为 Bar Chart 元件，用于统计柜台员工的工作负荷；ATM. queue 模块为 Bar Chart 元件，用于统计 ATM 前面的平均队列长度。

运行银行排队仿真模型，截取某一时刻的系统状态图如图 4-12 所示。目前总共到达 10 位客户，7 位需要使用 ATM 机，3 位直接去往柜台。去往 ATM 的客户中，6 位已经完成 ATM 服务并离开银行，1 位正在占用 ATM 机。去往柜台的 3 位客户中，1 位已经完成服务并离开银行，2 位正在接受服务，由 tellers 模块也可观察到柜台员工资源占用数为 2。

银行排队仿真模型的建模思路同样适用于加工制造业，将模型中的客户视为待加工工件，ATM 机视为加工设备，ATM 服务时间对应设备的加工时长。通过对一个制造系统的仿真建模，能够了解当前各个工序的库存积压、分析工序瓶颈、统计设备工作效率等。

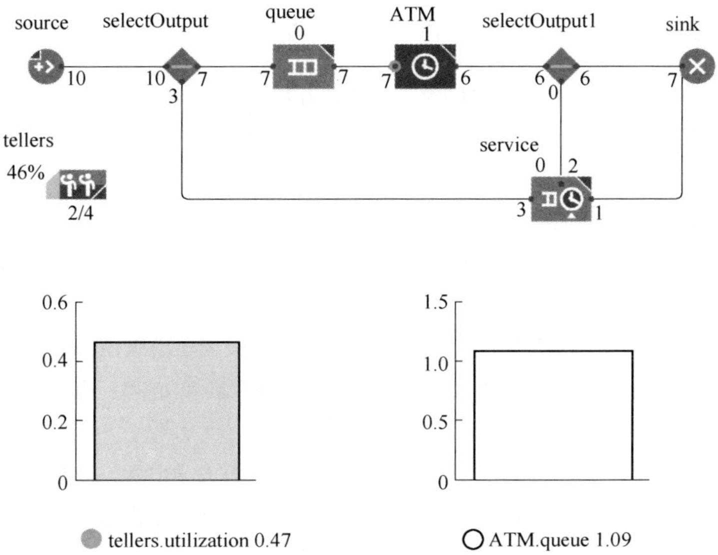

图 4-12　银行排队系统的 AnyLogic 仿真运行图

一个复杂的制造系统可能涉及多条产线，每条产线包含多台设备，各台设备、产线之间耦合关系复杂，加之各种生产扰动因素的影响，仿真模型将会非常庞大。因此，对一个复杂系统进行仿真建模时，需要考虑如何在体现组织特性的同时降低模型的复杂度，考验的是将复杂物理现实抽象为简单数学描述的能力。本书通过大量案例来培养工程师的这种数学建模能力，力求能够让读者具备抽象建模及数据分析的思维。课程之外，工程师可以根据自身业务需要，对某一知识点开展针对性的拓展学习。

参 考 文 献

[1] G. 戈登. 系统仿真 [M]. 杨金标译. 北京：冶金工业出版社，1982.
[2] Mitchell T M. Machine Learning [M]. New York：McGraw-Hill，1997.
[3] Bazaraa M S，Jarvis J J，Sherali H D. Linear Programming and Network Flows，Third Edition [M]. John Wiley & Sons，2011.
[4] Talluri K T，Ryzin G J. The Theory and Practice of Revenue Management [M]. Springer US，2005.
[5] 埃文斯. 质量管理与质量控制 [M]. 北京：中国人民大学出版社，2010.
[6] 陈海虹，黄彪，刘峰，等. 机器学习原理及应用 [M]. 成都：电子科技大学出版社，2017.
[7] 陈希孺. 概率论与数理统计. [M]. 2版. 上海：同济大学出版，2009.
[8] 崔珊珊. 遗传算法的一些改进及其应用 [D]. 合肥：中国科学技术大学，2010.
[9] 大连理工大学应用数学系组. 概率论与数理统计 [M]. 大连：大连理工大学出版社，2007.
[10] 冯玉蓉. 模拟退火算法的研究及其应用 [D]. 昆明：昆明理工大学，2005.
[11] 古扎拉蒂，费剑平. 计量经济学基础 [M]. 北京：中国人民大学出版社，2005.
[12] 何书元. 应用时间序列分析 [M]. 北京：北京大学出版社，2003.
[13] 贾树晋. 热轧生产计划与负荷分配的多目标群智能算法研究 [D]. 上海：上海交通大学，2012.
[14] 李航. 统计学习方法 [M]. 北京：清华大学出版社，2012.
[15] 梁芳. 遗传算法的改进及其应用 [D]. 武汉：武汉理工大学，2008.
[16] 刘吉定，罗进，严国义. 概率论与数理统计及其应用 [M]. 3版. 北京：科学出版社，2014.
[17] 刘亮. 复杂系统仿真的 Anylogic 实践 [M]. 北京：清华大学出版社，2019.
[18] 罗杰. 改进群智能优化算法研究及应用 [D]. 温州：温州大学，2019.
[19] 潘雄锋，彭晓雪. 时间序列分析 [M]. 北京：清华大学出版社，2016.
[20] 庞峰. 模拟退火算法的原理及算法在优化问题上的应用 [D]. 吉林：吉林大学，2006.
[21] 孙振绮，丁效华. 最优化方法 [M]. 北京：机械工业出版社，2004.
[22] 同济大学概率统计教研组. 概率统计. [M]. 5版. 上海：同济大学出版社，2013.
[23] 唐向宏，岳恒立，郑雪峰. MATLAB 及在电子信息类课程中的应用 [M]. 北京：电子工业出版社，2009.
[24] 王沁. 时间序列分析及其应用 [M]. 成都：西南交通大学出版社，2008.
[25] 王璇. 遗传算法的改进及其应用研究 [D]. 北京：华北电力大学（北京），2010.

[26] 韦来生．数理统计［M］．2版．北京：科学出版社，2015.
[27] 张建同，孙昌言，王世进．应用统计学［M］．北京：清华大学出版社，2010.
[28] 张天蓉．从掷骰子到阿尔法狗：趣谈概率［M］．北京：清华大学出版社，2018.
[29] 张伟平．连续型随机变量［OL］．http：//staff. ustc. edu. cn/～zwp/teach/Prob-Stat/Lec5_ slides. pdf.
[30] 张毅．群智能算法的改进及其在相关领域中的应用［D］．吉林：吉林大学，2009.
[31] 周凌云．几种典型群智能算法及其更新机制研究［D］．武汉：武汉大学，2018.
[32] 周志华．机器学习［M］．北京：清华大学出版社，2016.

附　　录

附录 1　案例 Python 代码

例 2.1 代码

```
##最小二乘法
import numpy as np    #科学计算库
import matplotlib.pyplot as plt    #绘图库
from scipy.optimize import leastsq    #引入最小二乘法算法

#样本数据(Xi,Yi)
Xi=np.array([100,110,120,130,140,150,160,170,180,190])
Yi=np.array([45,51,54,61,66,70,74,78,85,89])

#需要拟合的函数 func :一元线性方程
def func(p,x):
    a,b=p
    return a*x+b

#偏差函数:x,y 都是列表:这里的 x,y 与上面的 Xi,Yi 中是一一对应的
def error(p,x,y):
    return func(p,x)-y

#a,b 的初始值,可以任意设定
p0 = [1, 0]

#把 error 函数中除了 p0 以外的参数打包到 args 中
Para = leastsq(error, p0, args=(Xi, Yi))

#读取结果
a,b=Para[0]
```

```
print("a=",a,"b=",b)
print("求解的拟合直线为:")
print("y="+str(round(a,2))+"x+"+str(round(b,2)))

#画样本点
plt.figure(figsize=(8,6))  #指定图像比例：8：6
plt.scatter(Xi,Yi,color="green",label="Sample",linewidth=2)
#画拟合直线
x=np.linspace(90,200,100)  #在 90-200 之间画 100 个连续点
y=a*x+b  #函数式
plt.plot(x,y,color="red",label="Fitting",linewidth=2)
plt.legend(loc='lower right')  #绘制图例
plt.show()
```

例 2.2 代码

```
import numpy as np  # 科学计算库
from sklearn import linear_model  # 线性回归库
from sklearn.metrics import mean_squared_error  # 计算均方根误差的库
import matplotlib.pyplot as plt  # 绘图库

# 自变量 x1
x1 = np.array([[100, 50, 100, 100, 50, 80, 75, 65, 90, 90]])
# 自变量 x2
x2 = np.array([[4, 3, 4, 2, 2, 2, 3, 4, 3, 2]])
# 合并 x1、x2
X = np.concatenate((x1, x2)).transpose()
# 因变量 y
y = np.array([9300, 4800, 8900, 6500, 4200, 6200, 7400, 6000, 7600, 6100])

# 导入线性回归模型
lr = linear_model.LinearRegression()
# 拟合
lr.fit(X, y)
# 回归系数
```

```
[a1, a2] = lr.coef_
# 截距
beta = lr.intercept_
# 打印回归方程
print('回归方程：y = %.3fx1 + %.3fx2 + %.3f' % (a1, a2, beta))

# 模型评价
yPredict = lr.predict(X)
# 均方根误差
RMSE = np.sqrt(mean_squared_error(y, yPredict))
print('拟合值和真实值的均方根误差:%.3f' % RMSE)

# 绘制拟合值和真实值的对比图
plt.figure(1)
plt.rcParams['font.sans-serif'] = ['SimHei']
plt.rcParams['axes.unicode_minus'] = False
s1 = plt.scatter(list(range(1, 11)), yPredict, c='b', marker='x', label='拟合薪酬',s=
40)
s2 = plt.scatter(list(range(1, 11)), y, c='r', marker='o', label='实际薪酬',s=40)
plt.legend(handles=[s1,s2], loc='best')
plt.xlabel("员工 ID",fontsize=13)
plt.ylabel('薪酬',fontsize=13)
plt.legend(fontsize=13)
plt.show()
```

例 2.3 代码

```
import pandas as pd
import numpy as np
from sklearn.linear_model import LinearRegression
from sklearn.metrics import mean_squared_error   # 计算均方根误差的库
import matplotlib.pyplot as plt

# 自变量 x1
x1 = [ 100, 50, 100, 100, 50, 80, 75, 65, 90, 90 ]
```

```
# 自变量 x2
x2 = [ 4, 3, 4, 2, 2, 2, 3, 4, 3, 2 ]
# 自变量 x3 (类别变量),A-博士,B-硕士,C-本科
x3 = [ 'A', 'B', 'A', 'C', 'C', 'A', 'A', 'B', 'B', 'C' ]
# 因变量 y
y =[9300, 4800, 8900, 6500, 4200, 6200, 7400, 6000, 7600, 6100]

X = pd.DataFrame([x1, x2, x3]).T
y = pd.DataFrame([y]).T

# 使用 get_dummie 方法生成自变量 x3 的虚拟变量
x3 = pd.DataFrame(x3)
x3.columns = ['class']
x3_dummies = pd.get_dummies(x3)
print('虚拟变量:\n', x3_dummies)

X = X.join(x3_dummies).iloc[:, [0, 1, 3, 4, 5]]

lr = LinearRegression()
lr.fit(X, y)
yPredict = lr.predict(X)
print('回归系数:\n', lr.coef_)
print('截距:\n', lr.intercept_)
# 均方根误差
RMSE = np.sqrt(mean_squared_error(y, yPredict))
print('拟合值和真实值的均方根误差:%.3f' % RMSE)

# 绘制拟合值和真实值的对比图
plt.figure(1)
plt.rcParams['font.sans-serif']=['SimHei']
plt.rcParams['axes.unicode_minus'] = False
s1 = plt.scatter(list(range(1, 11)), yPredict, c='b', marker='x', label='拟合薪酬',s=
40)
s2 = plt.scatter(list(range(1, 11)), y, c='r', marker='o', label='实际薪酬',s=40)
```

```
plt. legend( handles = [ s1, s2 ], loc = ' best ')
plt. xlabel( " 员工 ID" , fontsize = 13)
plt. ylabel( '薪酬', fontsize = 13)
plt. legend( fontsize = 13)
plt. show( )
```

例 2. 4 代码

```
import numpy as np
import matplotlib. pyplot as plt
from sklearn. linear_model import LinearRegression
from sklearn. preprocessing import PolynomialFeatures

# 自变量
x = np. array( [ list( range( 1, 11) ) ] ). transpose( )
# 因变量
y = np. array( [ 45, 50, 60, 80, 110, 150, 200, 300, 500, 1000] )

# 使用 PolynomialFeatures 得到特征矩阵
poly = PolynomialFeatures( degree = 3, include_bias = False)
x_poly = poly. fit_transform( x)
print( '多项式特征矩阵: \n ', x_poly)

# 转换为线性回归预测
lr = LinearRegression( )
lr. fit( x_poly, y)

# 打印回归方程
[ a1, a2, a3] = lr. coef_
beta = lr. intercept_
print( '回归方程: \n y = %. 3f + %. 3fx + %. 3fx^2 + %. 3fx^3 ' % (beta, a1, a2, a3) )

# 作图
plt. figure( 1)
plt. scatter( x, y, c = " r" , label = " Sample" )
```

```
x_grid = np.arange(0, 10.5, 0.1)
x_grid_len = x_grid.shape[0]
x_grid = x_grid.reshape(x_grid_len, 1)
plt.plot(x_grid, lr.predict(poly.fit_transform(x_grid)), c='g', label='cubic polynomial re-
gression')
plt.legend()
plt.show()
```

例 2.5 代码

```
import matplotlib.pyplot as plt
# 前 9 个月的房价
x = [7.0748, 7.1012, 7.4137, 7.3748, 7.2860, 7.4128, 7.4127, 7.4274, 7.3027]
# 预测
# 移动平均的时期个数
N = 5
# 预测 3 个月的房价
f = 3
sum = 0
ave = 0
for i in range(f):
    for j in range(len(x)-N, len(x)):
        sum += x[j]
    ave = sum/N
    print('%d 月的预测房价:%.4f' % (i+9, ave))
    x.append(ave)
    sum = 0
# 作图
plt.axis([0, 15, 0, 10])
plt.plot(range(1, len(x)-f+1), x[0:len(x)-f], 'ro')
plt.plot(range(len(x)-f+1, len(x)+1), x[len(x)-f:len(x)], 'bo')
plt.title('price of house prediction')
plt.xlabel('month')
plt.ylabel('price of house')
plt.show()
```

例 2.6 代码

```
import numpy as np
import matplotlib. pyplot as pl

t# 平滑指数
def calc_next_s(alpha, x):
    s = [0 for  i in range(len(x))]
    s[0] = np. sum(x[0:3]) / float(3)
    for i in range(1, len(s)):
        s[i] = alpha * x[i] + (1-alpha) * s[i-1]
    return s

# 预测
def time_predict(x):
    alpha=0. 7
    s1 = calc_next_s(alpha, x)# 一次
    s2 = calc_next_s(alpha,s1)# 二次
    s3 = calc_next_s(alpha, s2)# 三次
    a3 = [(3 * s1[i] - 3 * s2[i] + s3[i]) for i in range(len(s3))]
    b3 = [((alpha / (2 * (1 - alpha) * * 2)) * ((6 - 5 * alpha) * s1[i] - 2 *
(5 - 4 * alpha) * s2[i] + (4 - 3 * alpha) * s3[i])) for i in range(len(s3))]
    c3 = [(alpha * * 2 / (2 * (1 - alpha) * * 2) * (s1[i] - 2 * s2[i] + s3[i]))
for i in range(len(s3))]
    pred = a3[-1]+b3[-1] * 1+c3[-1] * (1 * * 2)
    return pred

# 2011 年至 2019 年的房价
x= [5. 338, 5. 746, 6. 069, 6. 498, 7. 051, 7. 720, 8. 164, 8. 927, 9. 639]
N = 3
resarr = []
for i in range(N):
    res = time_predict(x)
    resarr. append(res)
    print('预测房价:%. 3f' % res)
    x. append(res)
```

```
# 作图
plt.plot(range(1,len(x)-N+1), x[0:len(x)-N], 'ro')
plt.plot(range(len(x)-N+1, len(x)+1), resarr, 'bo')
plt.xlabel('Year')
plt.ylabel('Price of house')
plt.show()
```

例 3.1 代码

```
import pandas as pd
import numpy as np
from sklearn.preprocessing import MinMaxScaler
from sklearn.cluster import KMeans
import matplotlib.pyplot as plt

# 读取数据
df = pd.read_csv('jiangsu.csv')
X = df.iloc[:, [0,1]].values

# 数据归一化处理
min_max_scaler = MinMaxScaler()
X_normalization = min_max_scaler.fit_transform(X)

# 设置类簇的数量为 2
n_clusters = 2

# 调用聚类函数
km = KMeans(n_clusters)

# 训练模型
km.fit(X_normalization)

# 输出聚类后的结果
print('类别:', km.labels_)

# 画图
```

```
colors = ['r', 'g']
markers = ['o', '*']
for i in range(n_clusters):
    members = km.labels_ == i   # members 是布尔数组
    plt.scatter(X[members, 0], X[members, 1], s=60, c=colors[i], marker=markers
[i])
# plt.title('Jiangsu Province')
plt.xlabel('North latitude',fontsize=14)
plt.ylabel('East longitude',fontsize=14)
plt.show()
```

例 3.2 代码

```
import pandas as pd
from sklearn.model_selection import train_test_split
from sklearn.neighbors import KNeighborsClassifier

# 读取数据
iris = pd.read_csv('iris.csv')
X = iris.iloc[:, [0, 1, 2, 3]].values
y = iris.iloc[:, [4]].values.reshape(29, )

# 划分数据集
X_train, X_test, y_train, y_test = train_test_split(X, y, test_size=0.3, random_state=22)

# 导入 knn 算法
knn = KNeighborsClassifier()

# 模型训练
knn.fit(X_train, y_train)

# 模型评价
print('准确率：', knn.score(X_test, y_test)) # 0.88888888,即 8/(8+1)
y_pred = knn.predict(X_test)
t = 0
```

```
f = 0
for i in range(len(y_test)):
    if y_pred[i] == y_test[i]:
        t += 1
    else :
        f += 1
print("预测正确的样本数：", t)
print("预测错误的样本数：", f)
```

例 3.3 代码

```
from math import log
import operator

def calcShannonEnt(dataSet):   # 计算数据的熵(entropy)
    numEntries=len(dataSet)   # 数据条数
    labelCounts={}
    for featVec in dataSet:
        currentLabel=featVec[-1] # 每行数据的最后一个字(类别)
        if currentLabel not in labelCounts.keys():
            labelCounts[currentLabel]=0
        labelCounts[currentLabel]+=1   # 统计有多少个类以及每个类的数量
    shannonEnt=0
    for key in labelCounts:
        prob=float(labelCounts[key])/numEntries # 计算单个类的熵值
        shannonEnt-=prob*log(prob,2) # 累加每个类的熵值
    return shannonEnt

def createDataSet1():     # 创造示例数据
    dataSet = [['长', '粗', '男'],
               ['短', '粗', '男'],
               ['短', '粗', '男'],
               ['长', '细', '女'],
               ['短', '细', '女'],
               ['短', '粗', '女'],
```

```
            ['长', '粗', '女'],
            ['长', '粗', '女']]
    labels = ['头发','声音']  #两个特征
    return dataSet,labels

def splitDataSet(dataSet,axis,value): # 按某个特征分类后的数据
    retDataSet=[]
    for featVec in dataSet:
        if featVec[axis]==value:
            reducedFeatVec =featVec[:axis]
            reducedFeatVec.extend(featVec[axis+1:])
            retDataSet.append(reducedFeatVec)
    return retDataSet

def chooseBestFeatureToSplit(dataSet):  # 选择最优的分类特征
    numFeatures = len(dataSet[0])-1
    baseEntropy = calcShannonEnt(dataSet)  # 原始的熵
    bestInfoGain = 0
    bestFeature = -1
    for i in range(numFeatures):
        featList = [example[i] for example in dataSet]
        uniqueVals = set(featList)
        newEntropy = 0
        for value in uniqueVals:
            subDataSet = splitDataSet(dataSet,i,value)
            prob =len(subDataSet)/float(len(dataSet))
            newEntropy
+=prob*calcShannonEnt(subDataSet)  # 按特征分类后的熵
        infoGain = baseEntropy - newEntropy  # 原始熵与按特征分类后的熵的差值
        if (infoGain>bestInfoGain):   # 若按某特征划分后,熵值减少的最大,则次特征
为最优分类特征
            bestInfoGain=infoGain
            bestFeature = i
    return bestFeature
```

```
def majorityCnt(classList):        #按分类后类别数量排序,比如:最后分类为2男1女,则判
定为男;
    classCount={}
    for vote in classList:
        if vote not in classCount.keys():
            classCount[vote]=0
        classCount[vote]+=1
    sortedClassCount = sorted(classCount.items(),key=operator.itemgetter(1),reverse=True)
    return sortedClassCount[0][0]

def createTree(dataSet,labels):
    classList=[example[-1] for example in dataSet]  # 类别:男或女
    if classList.count(classList[0])==len(classList):
        return classList[0]
    if len(dataSet[0])==1:
        return majorityCnt(classList)
    bestFeat=chooseBestFeatureToSplit(dataSet) #选择最优特征
    bestFeatLabel=labels[bestFeat]
    myTree={bestFeatLabel:{}} #分类结果以字典形式保存
    del(labels[bestFeat])
    featValues=[example[bestFeat] for example in dataSet]
    uniqueVals=set(featValues)
    for value in uniqueVals:
        subLabels=labels[:]

myTree[bestFeatLabel][value]=createTree(splitDataSet\

(dataSet,bestFeat,value),subLabels)
    return myTree

dataSet, labels=createDataSet1()  # 创造示列数据
print(createTree(dataSet, labels))  # 输出决策树模型结果
```

例 3.4 代码

```
import pandas as pd
import numpy as np
import matplotlib. pyplot as plt
from sklearn. svm import SVC

# 读取数据
X = np. array([[170, 54], [171, 67], [172, 65], [173, 60], [174, 65], [175, 70],
[153, 42], [156, 44], [157, 48], [158, 52], [159, 43], [160, 50]])

y = np. array([0, 0, 0, 0, 0, 0, 1, 1, 1, 1, 1, 1]) # 0 is male

# 调用 SVM 模型
clf = SVC(kernel="linear")
# 模型训练
clf. fit(X, y)

# 支持向量的点
print("支持向量的点:", clf. support_vectors_)
# 系数矩阵
w = clf. coef_[0]
print("系数矩阵:\n", w)
# 截距
intercept = clf. intercept_[0]
print('截距:', intercept)
# 斜率
a = - w[0] / w[1]
print("斜率:", a)

# 超平面
xx = np. linspace(150, 180)
yy = a * xx - intercept / w[1]

# 和 support 相平行的两条线
```

```
# 取第一个支持向量带入计算下面那条线的截距
b = clf. support_vectors_[0]
yy_down = a * xx + (b[1]-a * b[0])
# 取最后一个支持向量带入计算上面那条线的截距
b = clf. support_vectors_[-1]
yy_up = a * xx + (b[1]-a * b[0])

# 画图
plt. figure(1)
# 散点图
plt. scatter(X[:,0], X[:,1], c=y, s=50, cmap=plt. cm. Paired)
# 三条线
plt. plot(xx, yy, 'r')
plt. plot(xx, yy_up, 'g')
plt. plot(xx, yy_down, 'g')
plt. grid(linestyle='--')
plt. xlabel('Height(cm)')
plt. ylabel('Weight(kg)')
plt. show()
```

例3.5代码

```
import numpy as np
import pandas as pd
from sklearn. model_selection import train_test_split
from sklearn. neural_network import MLPClassifier

# 输入
iris = pd. read_csv('iris. csv')
X = iris. iloc[:, [0, 1, 2, 3]].values
y = iris. iloc[:, [4]].values. reshape(29, )

# 划分数据集
X_train, X_test, y_train, y_test = train_test_split(X, y, test_size=0. 3, random_state=22)

# 设置神经网络模型参数
```

```
mlp = MLPClassifier(solver='lbfgs', alpha=1e-5, hidden_layer_sizes=(5,4), random_state
=1, max_iter=5000)

# 训练模型
mlp.fit(X_train, y_train)

# 打印模型结果
print('迭代次数：', mlp.n_iter_)
print('损失值：', mlp.loss_)
print('权重：\n', mlp.coefs_)

# 模型评价
print('准确率：', mlp.score(X_test, y_test))
y_pred = mlp.predict(X_test)
t = 0
f = 0
for i in range(len(y_test)):
    if y_pred[i] == y_test[i]:
        t += 1
    else :
        f += 1
print("预测正确的样本数：", t)
print("预测错误的样本数：", f)
```

附录 2　宝钢案例

案例 1　热镀锌生产锌耗预测

锌锭是生产热镀锌产品的原料，锌具有优良的抗大气腐蚀性能，所以被主要用于钢材和钢结构件的表面镀层（如镀锌板），广泛用于汽车、建筑、船舶、轻工等行业。镀锌生产线锌耗的成本较高，锌锭消耗不但与目标锌耗相关，而且与合同重量和镀层类型相关，受生产工艺、过程控制水平以及生产调度的影响，锌锭的消耗也会波动较大。为了降低锌耗成本，提升采购水平，现需根据数据库中历史生产实绩、合同订单等信息，进行基础统计分析，研究锌耗与各因素的对应关系，进而建立锌耗预测模型来预测实际锌耗，再确定最优配比，计算得出分锭型锌耗需求，较为精确地预测未来生产周期锌锭需求的种类与数量。

根据某机组的锌耗实绩数据，分析锌耗总量与各因素的相关性，给出合理的一元线性回归方程。

解：首先，需要确定自变量和因变量，因变量已知为锌锭总耗量，自变量需要通过分析相关系数来确定。根据实际数据，与锌锭总耗量相关的影响因素包括“合同重量”，“目标锌耗”和“平均锌耗”，各影响因素与锌锭总耗量的相关系数如附表 2-1 所示，与因变量之间相关性均较强，其中“目标锌耗”相关系数最高为 0.993，因此，将“目标锌耗”设为自变量。

附表 2-1　各因素与锌锭总耗量的相关系数

影响因素	合同重量	目标锌耗	平均锌耗
相关系数	0.843	0.993	0.988

然后，绘制自变量和因变量的散点图如附图 2-1 所示，目标锌耗 x 与锌锭总耗量 y 之间存在明显的线性相关性，可采用一元线性回归来拟合，用 y' 表征锌锭总耗量估计值，则存在 $y'=ax+b$。

注：为保密起见，宝钢案例对应的数据均通过一定处理后以电子版呈现，书中不列出具体数据。

根据已知的函数形式 $y'=ax+b$,进一步求解参数 a 和 b 的值。将目标锌耗 x 和实际锌锭总耗量 y 的值代入 2.1 节中式（2-2）和式（2-3），求解得到 $a=1.06$，$b=43.65$，即 $y'=1.06x+43.65$。对比实际值 y 和估计值 y' 如附图 2-2 所示。

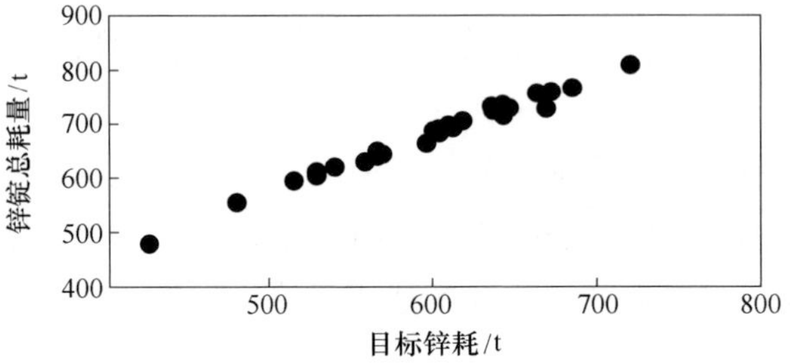

附图 2-1　目标锌耗与锌锭总耗量散点图

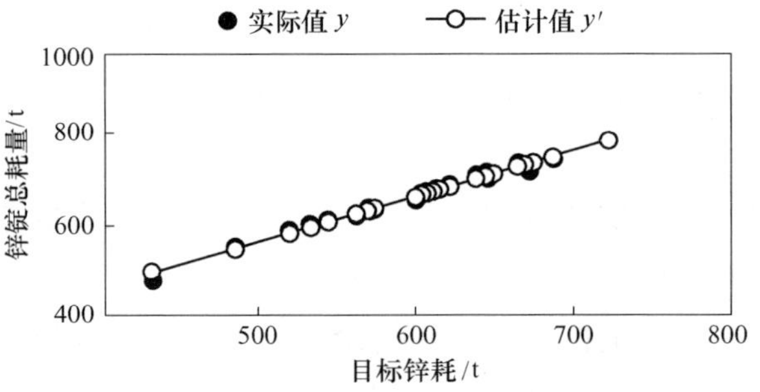

附图 2-2　锌锭总耗量实际值与拟合值对比

最后，对一元线性回归的拟合效果进行量化检验，计算得到总平方和 $TSS=139033$，解释平方和 $ESS=137080$，残差平方和 $RSS=1953$，判定系数 $r^2=0.986$，该判定系数值接近 1，说明拟合效果很好。

案例 2　转炉钢液温度建模

转炉吹炼终点动态控制包括终点钢液温度控制和钢液碳含量控制。以副测点为起点，吹氧量与吹炼终点目标钢液温度存在一定的相关性。根据统计经验，温度变化与吹氧量变化呈线性关系，如下式所示：

$$T=T_{\mathrm{M}}+\gamma\frac{VO-VO_{\mathrm{M}}}{WST}+\delta$$

式中 T —— VO 时刻的钢水温度,℃;

T_M ——吹炼中副枪测定时钢水温度,℃;

VO ——送氧量(标态),m^3;

VO_M ——吹炼中副枪测定时送氧量(标态),m^3;

WST ——目标制出钢量,t;

γ——模型参数,升温系数(标态),℃/(m^3 · t);

δ——模型参数,升温常数,℃。

根据转炉实绩数据,将上式转化为一元线性方程并进行线性回归,得到温度模型的最优参数 γ、δ。

解:首先,预处理原始数据,剔除“钢水重量”“吹止氧量”“副测温度”“副测氧量”“吹止温度”缺失的数据条目。然后,令

$$x = \frac{VO - VO_M}{WST}$$

$$y = T - T_M$$

用 y' 表征 y 估计值,则存在 $y' = \gamma x + \delta$,原始问题则转化为求解该一元线性回归方程中的参数 γ 和 δ。根据转炉实绩数据计算 x 和 y 的值,并代入 2.1 节中式(2-2)和式(2-3),求解得到 $\gamma = 11.49$,$\delta = -10.16$,即 $y' = 11.49x - 10.16$。对比实际值 y 和估计值 y' 如附图2-3 所示。

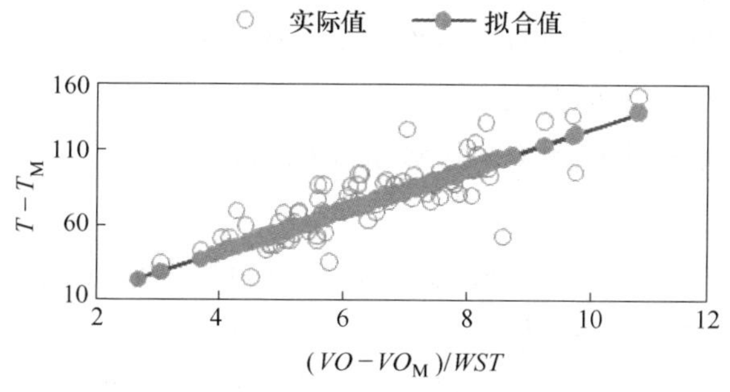

附图 2-3 钢液温度实际值与拟合值对比

案例 3　转炉钢液碳含量建模

转炉钢液碳含量是转炉吹炼终点动态控制的重要目标。以副测点为起点，吹氧量与吹炼终点目标钢液碳含量存在一定的相关性。根据冶金机理知识，转炉吹炼接近终点的钢液碳含量随吹氧变化呈现指数曲线的变化规律，如附图 2-4 所示。

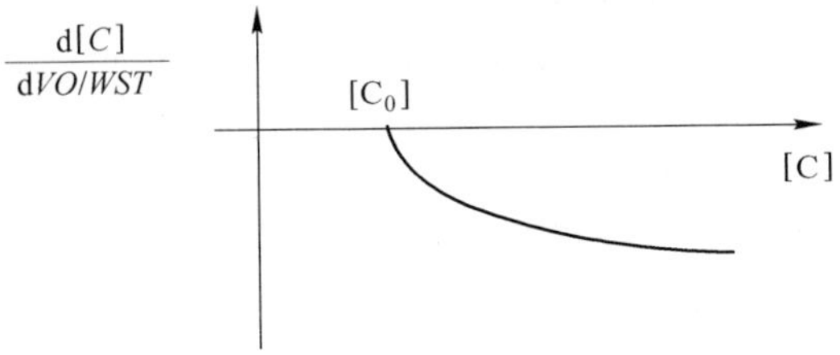

附图 2-4　吹氧量与钢液碳含量的关系

经过拟合可得到如下微分方程：

$$-\mathrm{d}C\bigg/\left(\frac{\mathrm{d}VO}{WST}\right)=10\alpha\left[1-\exp\left(-\frac{C-C_0}{\beta}\right)\right]$$

此式经积分，得：

$$C=C_0+\beta\ln\left\{1+\left[\exp\left(\frac{C_{\mathrm{M}}-C_0}{\beta}\right)-1\right]\cdot\exp\left[-\frac{10\alpha}{\beta}\left(\frac{VO-VO_{\mathrm{M}}}{WST}\right)\right]\right\}$$

式中　C——VO 时刻的钢水碳含量，$10^{-2}\%$；

C_0——常数，也称为临界碳浓度（$10^{-2}\%$），即不管吹多少氧，都不能使碳含量降到它之下，参考值为 2；

C_{M}——副枪测定时刻的钢水碳含量，$10^{-2}\%$；

VO——送氧量（标态），m^3；

VO_{M}——吹炼中副枪测定时送氧量（标态），m^3；

WST——目标制出钢量，t；

α——最高脱碳速度（标态），理论值为 1.07kg/m^3，模型参数；

β——常数，模型参数。

（1）根据转炉实绩数据，通过分组设定的模型参数 α、β（α 取值参考范围：[1，2]，β 取值参考范围：[20，40]），采用多元回归对终点钢液碳含量进行拟合，并与终点钢液碳含量分析值进行比较。

（2）采用 BP 神经网络进行终点钢液碳含量预测，并与终点钢液碳含量分析值进行比较。

解法1：采用多元回归进行拟合

首先，预处理原始数据，剔除“钢水重量”“吹止氧量”“副测氧量”“副测碳”“吹止碳”缺失的数据条目。

然后，令 C' 表征 C 估计值，采用 Python 代码求解，得到 $\alpha=2.0$，$\beta=34.7$，即

$$C'=C_0+34.7\ln\left\{1+\left[\exp\left(\frac{C_M-C_0}{34.7}\right)-1\right]\cdot\exp\left[-\frac{10\times 2.0}{34.7}\left(\frac{VO-VO_M}{WST}\right)\right]\right\}$$

多元回归的均方误差为0.655，终点碳含量实际值 C 和多元回归拟合值 C' 的对比如附图2-5和附图2-6所示，存在一定的预测误差。

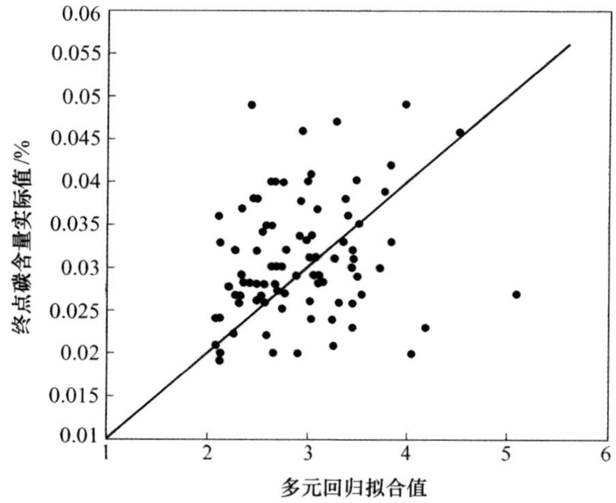

附图2-5 钢液碳含量实际值与多元回归拟合值对比（二维图）

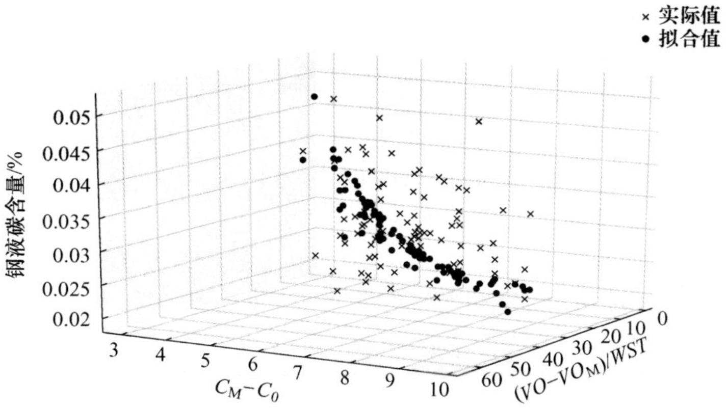

附图2-6 钢液碳含量实际值与多元回归拟合值对比（三维图）

案例 3-1　多元回归代码

```
from scipy import optimize
import matplotlib. pyplot as plt
import math
import numpy as np
import pandas as pd
from mpl_toolkits. mplot3d import Axes3D
data = pd. read_csv(' converter. csv ')
b = data. iloc[ :, 0].values
a = data. iloc[ :, 1].values
y = data. iloc[ :, 2].values
print(a, b)
print(y)
def func(x, alpha, beta):
    a, b = x
    return 2 + beta * np. log(1 + np. exp(a / beta - 10 * alpha * b / beta) - np. exp(-10
 * alpha * b / beta))
# 指数函数拟合
xdata=[a, b]
guess=[1. 0, 25. ]
print("start")
popt, pcov = optimize. curve_fit(func, xdata, y, guess, bounds=([1. 0, 20. ], [2. 0, 40. ]))
print(popt)
print("end")
# 预测值
y_pred=func(xdata,popt[0], popt[1])
for i in range(len(y)):
    y_pred[i]=func([a[i],b[i]], popt[0], popt[1])
from sklearn. metrics import mean_squared_error
mse_1 = mean_squared_error(y,y_pred)
print ("mean squared error = ", mse_1)
# 画图
plt. rcParams[' font. sans-serif '] = [' SimHei ']
plt. rcParams[' axes. unicode_minus '] = False
```

```
fig = plt.figure()
ax = fig.add_subplot(111, projection='3d')
ax.scatter(a, b, y, c='r', marker='x', label="实际值",s=40)
ax.scatter(a, b, y_pred, c='b', marker='o', label="拟合值",s=40)
ax.set_xlabel('(VO-VOM)/WST',fontsize=20)
ax.set_ylabel('CM-C0',fontsize=20)
ax.set_zlabel('钢液碳含量',fontsize=20)
ax.legend(fontsize=18)
plt.show()
fig = plt.figure()
plt.plot(y_pred, y_pred, 'bo', label="拟合值")
plt.plot(y_pred, y, 'rx',  label="实际值")
plt.legend(loc=0,ncol=1)
plt.xlabel('拟合值')
plt.ylabel('吹止碳含量值')
plt.show()
```

解法 2：采用神经网络进行预测

采用 sklearn 提供的神经网络回归模块 MLPRegressor 来处理该回归问题：（1）首先将数据集分为训练集（65 个样本）和测试集（28 个样本）；（2）采用 MLPRegressor 构建 BP 神经网络，单个隐藏层的节点为 80 个，激活函数采用 tanh，梯度下降方法用 lbfgs，惩罚系数为 0.001，最大迭代次数为 1000；（3）采用训练集对给定的神经网络模型进行训练；（4）最后分别计算训练集和测试集的均方误差并输出拟合结果。

相比解法 1 中的多元回归，神经网络模型对训练集的拟合效果明显更优，均方误差为 0.039。训练集的拟合效果如附图 2-7 所示，其中实心原点为样本点实际值，实线对应神经网络拟合值。由图中可以直观地看到，神经网络能够较为精确地拟合训练集中的每一个数据点。

尽管神经网络在训练集上有非常好的表现，但是，将训练得到的模型应用于测试集时，均方误差高达 1.195，测试集的预测效果如附图 2-8 所示。训练集上拟合效果非常好，测试集的预测效果却比较差，这就是本书 3.3.4 节介绍的神经网络的过拟合，在数据样本较少的情况下，过拟合会更加明显。

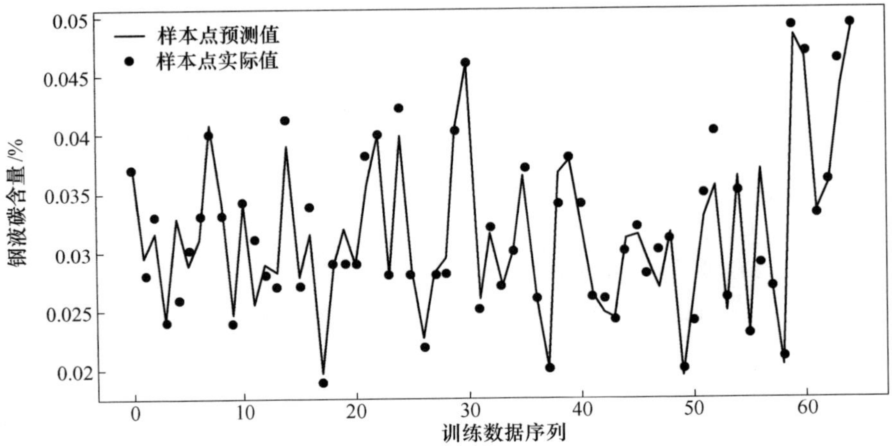

附图 2-7　BP 神经网络对训练集数据的拟合效果

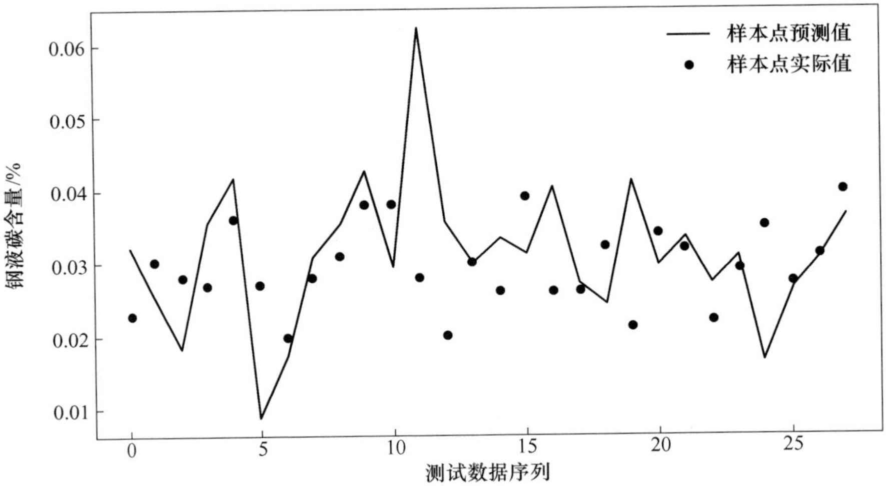

附图 2-8　BP 神经网络对测试集数据的预测效果

案例 3-2　神经网络代码

```
import numpy as np
from sklearn. model_selection import train_test_split
from sklearn. neural_network import MLPRegressor
import pandas as pd
from sklearn import preprocessing
# 读取数据
data = pd. read_csv('BPconverter. csv')
```

```
X = data.iloc[:, [0, 1, 2, 3]].values
y = data.iloc[:, 4].values
min_max_scaler = preprocessing.MinMaxScaler()
X = min_max_scaler.fit_transform(X)
print(X.shape,y.shape)
# 划分数据集
np.random.seed(28)
X_train, X_test, y_train, y_test = train_test_split(X, y, test_size=0.3)
print(X_train.shape, y_train.shape)
print(X_test.shape, y_test.shape)
#print(X_test,y_test)
# 设置神经网络回归模型
mlp=MLPRegressor(hidden_layer_sizes=(80), activation='tanh', solver='lbfgs', alpha=
0.001, max_iter=1000)
'''单个隐藏层,节点有80个,激活函数用tanh,梯度下降方法用lbfgs,惩罚系数为0.001,最
大迭代次数为1000'''
# 训练模型
mlp.fit(X_train, y_train)
print('迭代次数:', mlp.n_iter_)
'''计算训练集均方误差'''
from sklearn.metrics import mean_squared_error
pred1_train = mlp.predict(X_train)
mse_1 = mean_squared_error(pred1_train,y_train)
print ("Train ERROR = ", mse_1)
'''计算测试集均方误差'''
pred1_test = mlp.predict(X_test)
mse_2 = mean_squared_error(pred1_test,y_test)
print ("Test ERROR = ", mse_2)
'''训练集结果可视化'''
import matplotlib.pyplot as plt
plt.rcParams['font.sans-serif']=['SimHei']
plt.rcParams['axes.unicode_minus'] = False
xx=range(0,len(y_train))
plt.figure(figsize=(8,6))
```

```
plt.scatter(xx,y_train,color="red",label="样本点实际值",linewidth=3)
plt.plot(xx,pred1_train,color="orange",label="样本点预测值",linewidth=2)
plt.xlabel("训练数据序列",fontsize=20)
plt.ylabel("钢液碳含量",fontsize=20)
plt.legend(fontsize=20)
plt.show()
'''测试集结果可视化'''
import matplotlib.pyplot as plt
plt.rcParams['font.sans-serif']=['SimHei']
plt.rcParams['axes.unicode_minus'] = False
xx=range(0,len(y_test))
plt.figure(figsize=(8,6))
plt.scatter(xx,y_test,color="red",label="样本点实际值",linewidth=3)
plt.plot(xx,pred1_test,color="orange",label="样本点预测值",linewidth=2)
plt.xlabel("测试数据序列",fontsize=20)
plt.ylabel("钢液碳含量",fontsize=20)
plt.legend(fontsize=20)
plt.show()
```

案例 4　炼钢组炉问题

有 M 个相同出钢记号的合同，合同序列用 $O=\{o_1, o_2, \cdots, o_i, \cdots, o_M\}$ 表示，每个合同包含 F1、F2、F3 三个属性，F1 为合同编号，F2 为可浇铸宽度范围，F3 为合同订货量 w_i。受连铸机浇铸宽度区间限制，F2 的最大变化范围为 900～1450，按每组（档）间隔 50 进行分组，最多可分为 11 组：$G_1=[900, 950]$，…，$G_{11}=[1400, 1450]$。每个合同按其属性 F2 可划入其中的若干档，具体由 F2 的取值范围 $[L, R]$ 决定：与区间 $[L, R]$ 交集不为空的所有 G_j（$j=1, 2, \cdots, 11$）为合同的可用浇铸宽度档。炼钢炉的单位炼钢量为 300t/炉，每一炉对应相同的浇铸宽度，不满一炉时，仍按满炉生产，没有合同的部分称为余材。由于每个合同对应多个浇铸宽度档，故存在一个最优炼钢组炉方案，使得总炼钢余材最小。炼钢余材定义为：设划归到 G_j 档的合同订货量总和为 $F3_{total}$，则该出钢记号对应的炼钢余材为 300 −mod

($F3_{total}$，300)。

基于合同实绩数据，以最小化总炼钢余材为目标，(1) 建立数学规划模型；(2) 采用启发式算法求解该问题，给出启发式算法求解步骤。

解：(1) 建立数学规划模型。设置决策变量 x_{ij}，若 o_i 分配到组别 G_j 则 $x_{ij}=1$，反之 $x_{ij}=0$。令 Ω_i 表示合同 o_i 所允许的所有浇铸宽度档的集合，y_j 表示 G_j 对应的炼钢炉次数量，取值为正整数，z_j 表示组别 G_j 对应的炼钢余材，给出数学规划模型如下：

$$\min \sum_{j=1}^{11} z_j$$

$$\sum_{j=1}^{11} x_{ij} = 1,\quad \forall i$$

$$x_{ij} = 0,\quad \forall j \notin \Omega_i$$

$$300 \cdot y_j - \sum_{i=1}^{M} x_{ij} w_i = z_j,\quad \forall j$$

其中优化目标为总炼钢余材量最少，约束 1 和约束 2 表明合同从可选浇铸宽度档集合中选择一个宽度进行生产，约束 3 给出每个浇铸宽度档对应的炼钢余材。

该模型为混合整数规划模型，优化后的炼钢组炉方案对应的总炼钢余材为 167t。感兴趣的读者可以学习使用 CPLEX、Gurobi 等商业求解器编程求解，本书不做深入讲解。

(2) 遗传算法求解。首先，对合同实绩数据进行分组计算。以 1~3 号合同为例，其对应的可选组别如附表 2-2 所示。

附表 2-2 合同可选组别示例

组别	G1	G2	G3	G4	G5	G6	G7	G8	G9	G10	G11
1							√	√	√	√	√
2			√	√	√	√	√	√			
3						√	√	√	√	√	√

令 x_i 表示决策变量，例如 $x_2=6$ 则表示将合同 2 分到 G6 组。不同合同的可选组别不同，为了求解方便，对决策变量进行归一化处理。以 1~3 号合同为例，归一化处理后的决策变量取值如附表 2-3 所示。例如，$x_2=0.4$ 表示将合同 2 分到 G5 组。据此，后续遗传算法编码可选择实数编码。

附表 2-3 合同可选组别归一化处理

组别	G1	G2	G3	G4	G5	G6
1						
2			[0.0, 1/6)	[1/6, 1/3)	[1/3, 1/2)	[1/2, 2/3)
3						[0.0, 1/6)

组别	G7	G8	G9	G10	G11
1	[0.0, 0.2)	[0.2, 0.4)	[0.4, 0.6)	[0.6, 0.8)	[0.8, 1.0]
2	[2/3, 5/6)	[5/6, 1]			
3	[1/6, 1/3)	[1/3, 1/2)	[1/2, 2/3)	[2/3, 5/6)	[5/6, 1]

基于上述编码规则，采用轮盘赌实现遗传算法优化，具体步骤如下：

(1) 生成初始种群，种群包含 N(N 设为偶数) 条染色体，每条染色体对应一个组炉方案。以染色体 k 为例，针对每一个合同，生成 [0, 1] 之间的随机数，得到一个可行的初始组炉方案为：

$$X^k = (x_1^k,\ x_2^k,\ \cdots,\ x_i^k,\ \cdots,\ x_M^k)$$

(2) 适应度值计算。针对染色体 k，计算其对应的总炼钢余材，并令适应度值 f_k = 3300/总炼钢余材，由于总共有 11 挡浇铸宽度且每一挡的炼钢余材小于 300，因此这里的适应度值大于 1。若总炼钢余材=0，则停止优化，输出该染色体对应的组炉方案。若当前最优解满足迭代终止条件，例如当总炼钢余材小于 330t，即 $f_k>10$，则停止优化，输出该染色体对应的组炉方案。

(3) 计算个体累积概率。依据适应度值计算各个染色体的累积概率，计算公式为 $F_k = \sum_{s=1}^{k} f_s \Big/ \sum_{s=1}^{N} f_s$。为了方便后续计算，设 $F_0 = -1$，那么存在关系 $F_0 < 0 < F_k \leqslant F_N = 1$。

(4) 选择两条父代染色体。产生 [0, 1] 之间的随机数，若该数值落在区间 $(F_{k-1},\ F_k]$ 内，则选择染色体 k 作为父代染色体。很显然，适应度值越高的个体被选中的几率越高。

(5) 染色体交叉。针对步骤 (4) 选出的两条染色体，随机选择基因片段进行交叉操作。假设两条父代染色体编号分别为 K1 和 K2，交叉片段设为合同 69~75，进行交叉操作后得到新的两条染色体 L1 和 L2 如附表 2-4 所示。

(6) 染色体变异。针对步骤 (5) 得到的两条染色体，随机选择基因进行变异操作，得到两条子染色体。假设选择变异的基因为 66，75，77，产生随机数并替代染色体 L1 和 L2 中的值，得到新的两条子染色体 P1 和 P2 如附表 2-5 所示。

附表 2-4　染色体交叉示例

合同编号	…	68	69	70	71	72	73	74	75	76	…
K1	…	0.1	0.1	0.5	0.5	0.3	1.0	0.4	0.6	0.7	…
K2	…	0.9	0.3	0.8	0.0	0.3	0.4	0.4	0.5	0.8	…
1.1	…	0.1	0.3	0.8	0.0	0.3	0.4	0.4	0.5	0.7	…
1.2	…	0.9	0.1	0.5	0.5	0.3	1.0	0.4	0.6	0.8	…

附表 2-5　染色体变异示例

合同编号	…	66	67	68	…	73	74	75	76	77	…
L1	…	0.6	0.2	0.1	…	0.4	0.4	0.5	0.7	0.2	…
L2	…	0.2	0.9	0.9	…	1.0	0.4	0.6	0.8	0.7	…
P1	…	0.3	0.2	0.1	…	0.4	0.4	0.9	0.7	0.5	…
P2	…	0.7	0.9	0.9	…	1.0	0.4	0.2	0.8	0.6	…

（7）循环迭代规则。若当前生成的子染色体数量 = N，返回步骤（2），反之则返回步骤（4）。

案例 5　合金采购优化决策问题

炼钢合金是钢铁行业第二大成本的原料，采购金额巨大。合金消耗主要发生在炼钢的转炉、电炉与精炼工序。合金消耗不但与钢水的产量相关，而且与生产的钢种密切相关。不同出钢记号的钢水生产，消耗的合金品种与数量差别较大。即使同一出钢记号钢水的生产，用于成分调整的合金消耗量比较稳定，而用于脱氧与化学升温的合金，由于受生产工艺、过程控制水平与生产调度的影响，波动较大。在订单充足的情况下，企业完全按照订单组织生产，因此每个月生产的钢种的种类与数量也会千变万化。以上种种因素导致炼钢厂每个月合金消耗的种类与数量波动较大。

在合金管理与采购辅助决策系统投运之前，宝钢缺乏较为精确的计算来支撑包括采购、库存、制造、成本等环节的管理与考核，智能采购更无从谈起，基本上是由各个使用单位定期上报使用的需求量，采购人员综合后进行采购，因而很难系统地分析历史的合金使用情况，也难以预测未来生产周期各种合金的需要量。为了保证生产的需要，通常采用增加库存的办法，有时不得不进行紧急采购，从而增加了生产成本。

为了降低合金成本（通过降低产品合金含量等技术手段带来的成本降低不在此列），宝钢策划开发了合金管理与采购辅助决策系统，使得宝钢的合金管理和采购水平有了一定的提升。具体来说，首先利用冶金机理建模与统计分析，建立了出钢记号与合金消耗的对应关系；然后结合销售计划与历史数据，构建了基于合金单耗与时间序列分析的合金需求预测模型；最后结合库存优化理论，以采购费和存贮费最小为目标，构建合金采购与库存优化模型，给出炼钢合金的最优采购策略。本案例简要介绍其中的合金采购优化决策模型。

1　模型变量说明

模型变量 n 为预测月份数，β 为合金库存管理费用占比，c 为单次采购固定订货成本，s_{init} 为合金初始库存量，$s_{\max}$ 为合金最大库存容量，ss 为合金安全库存量，$Q_{\min}$，$Q_{\max}$ 为供应商要求的最小与最大采购批量，p_i 为第 i 个月的合金价格，y_i 为第 i 个月的合金预测需求量。

2　数学模型

（1）决策变量。决策变量 x_i 表示第 i 个月采购的合金量；决策变量 z_i 是 0-1 变量，表示第 i 个月是否采购。

（2）目标函数。该模型的目标是使采购成本和库存成本构成的总成本最少，具体包含三项成本，第一项是固定订货成本，第二项是合金价格成本，第三项是库存管理成本，优化目标定义如下：

$$\min f = c\sum_{i=1}^{n} z_i + \sum_{i=1}^{n} p_i x_i + \beta\sum_{i=1}^{n} p_i(n-i+1)(x_i - 0.5y_i) \tag{1}$$

（3）约束条件。

a）库容约束，即每个月的合金库存量不能超过最大库存容量，如式（2）：

$$s_{init} + \sum_{i=1}^{m-1}(x_i - y_i) + x_m \leqslant s_{\max},\ m = 1,\ \cdots,\ n \tag{2}$$

b）安全库存约束，即每个月的合金库存量不能低于安全库存，如式（3）：

$$s_{init} + \sum_{i=1}^{m}(x_i - y_i) \geqslant ss, \ m = 1, \cdots, n \tag{3}$$

c）采购批量约束，即每次采购的量要在供应商要求的采购批量范围内，如式（4）：

$$Q_{\min} z_i \leqslant x_i \leqslant Q_{\max} z_i, \ i = 1, \cdots, n \tag{4}$$

d）决策变量取值约束，如式（5）、式（6）：

$$x_i \geqslant 0, \ i = 1, \cdots, n \tag{5}$$

$$z_i \in \{0, 1\}, \ i = 1, \cdots, n \tag{6}$$

3 案例分析

以某合金为例来介绍采购优化过程。设预测月份数 $n = 3$，固定采购成本 c =10000 元，最小采购批量 $Q_{\min} = 500$，最大采购批量 $Q_{\max} = 2000$，合金单价为 12000 元/t（合金价格实际有波动，但对合金价格的预测非常困难，系统中支持手动录入），合金库存管理费用占比 $\beta = 0.2$，当前库存 $I_{\text{init}} = 1000$ t，库存容量 $I_{\max} = 4000$ t，安全库存 $ss = 500$ t，某年 10～12 月的预测需求量分别为 1871 t、1927 t、2300 t，通过求解采购优化决策模型，得到 10～12 月的采购量分别为 1598 t、2000 t、2000 t，每月的剩余库存量分别为 727 t、800 t、500 t，均大于安全库存 500 t，每次的采购量均大于最小采购批量 500 t，且不大于最大采购批量 2000 t。由于受到了最大采购批量的限制，所以模型倾向于提前购买以满足生产需要。通过以上模型，可在秒级内实现几十种合金采购策略的自动生成，给采购业务人员提供辅助决策支持。

附录 3　从实际案例看钢铁业大数据工作

宝钢研究院智能所　杜 斌

2021 年 2 月

摘要：针对钢铁行业大数据应用，笔者结合自身在数据建模与控制方面的研发经历，通过三个案例剖析钢铁业大数据应用技术的优势与局限，并进一步给出一些技术启发。

1　概述

2015 年开始，我国钢铁业把智能制造、绿色制造作为重要的战略方向和技术抓手，取得了瞩目的进步，有效提升了我国钢铁业的效率和国际竞争力。

随着技术的不断发展，人们对智能制造领域提出了新的要求，比如有的公司提出智能制造 2.0，很多公司大力发展工业互联网和大数据系统，新技术承载了行业未来的希望。

笔者在殷瑞钰院士指导下，于 2018 年 4 月在中国冶金报发表了关于钢铁业大数据应用方面的文章《大数据热之下，钢铁业该怎样做?》，提出工业大数据与社会电商大数据的许多差异，给出了钢铁制造环节一部分适合工业大数据应用的领域和问题，并指出很多行业的问题不能靠数据来解决，或者说大数据不是最合适的方法。该文以通俗的方式阐述，较少直接涉及具体技术内容。文章发表后在业内引起一定的反响，反响基本上可以分为专业工程师和非专业工程师两类。这里专业工程师包括从事过数据分析特别是数据建模的工程师，他们的专业以控制、信息和质量工程师居多。非专业工程师是指没有数据分析与建模背景的钢铁业各专业工程师，以材料、冶金、设备等专业居多。大体上专业工程师赞同文章的观点，非专业工程师则相对迷茫甚至

说明：本文所谈内容主要针对工业大数据和钢铁制造环节展开，所以适合钢铁制造厂的工业工程师阅读。而对于钢铁企业涉及采购、销售等环节的决策，特别是与社会数据结合的决策则不一定合适。对于时间有限的读者，可以仅看加粗字体。

质疑。

随着工作和技术的深入，近两年来人们对钢铁业大数据的热情十分高。特别是在工业互联网等新技术新概念的助推下，不少人含混了数字化与大数据应用的本质区别，***大数据的价值成为很多公司管理层和工程师们提升工作效率和解决难题的希望。笔者觉得在现阶段，专业人士应该针对各方面要求给出技术观点和研发体会，供行业相关人员参考***。说明一下，这里说的大数据应用，与企业数字化（重点在企业流程再造、IT助力管理模式变革等目的的信息化智能化提升）不同，与云计算软硬件体系也不是一回事。至于若干钢铁业尚未达成共识的如数字孪生等技术概念，则更未涉及。

近年来，社会软件或互联网类公司不断地介入工业寻求拓展，加速推动其原有技术结构和能力的工业应用。虽然强大的互联网公司介入工业是可喜的现象，但也多少令我们有些担心，因为他们的很多强大的软件体系未必适合钢铁业。就此，我们可以说出很多具体的不同，这里先讲一个直观的现象：我国的各类互联网龙头公司基本上是“拷贝”国外的思路，并取得等同于甚至超过国外原技术的成功，如淘宝、腾讯、QQ、支付宝、百度等几乎无一例外。那么这种现象为什么没有出现在其他各类工业领域呢？这本身已经足以说明工业的特殊性了。换句话说，并不能期待社会商业大数据技术的巨大成功在工业领域快速地复制和重现。

社会大数据与工业大数据的不同点很多，还可以从技术涉及面宽度、基础设备、与基础研究的紧密性、投资效率、生产与工作环境等方面梳理出很多。本文仅从数据的角度，罗列出近十个方面的异同，详见附表3-1中所示。

附表3-1 社会大数据与工业大数据的异同

比较的要素	社会大数据	工业大数据
数据类型	相似	相似（但相对成本高）
建模方法	相同	相同
精度	可不高	通常要足够高（高于目前水平）
完整性	接受不完整	通常需要完整性
需求来源	可自我确定	来自质量成本效率等实际需求
风险	相对小	往往大
初值是否有	有则做	新产线无初值也要做
成果辐射	尚可	弱（相对机理模型）
数据成本	通常不高或来源于政府	额外数据需要额外成本

附表 3-1 中前两项表示两者相同或者相似，后面七项存在较大差异。了解这些差异，有利于我们更好地理解钢铁业大数据应用的特点。

2　实际案例及其启发

本节三个具体案例都是本人过去直接参与或者负责的课题，都是成功的技术。它们从不同角度分析工业大数据在实际中的贡献和局限。

前一个是较为典型的信息层面的大数据应用，后两个属于控制类工业数据建模与应用。虽然我所在小组最近十多年（2003 年至今）主要在钢铁业信息层面进行研发，使我们在 L3/L4 系统层面以及从采购、制造到销售的供应链层面拥有更多的体会和成果，可以更有把握地给同行提出相关参考建议，但在自动控制领域也有多年积累，涉及基础自动化和过程控制。只是自动化技术主要在炼钢环节，未能覆盖全产线，可能存在一定局限。

2.1　合金采购决策支持系统（2011～2014 年）❶

宝钢的***合金采购决策支持系统是与宝钢股份原料采购部研制的一个典型大数据应用案例***，该系统的目的是为了提高采购决策水平和降低采购成本。它是宝钢股份甚至国际钢铁业第一个涉及供应链辅助决策的系统，结构如附图 3-1 所示。

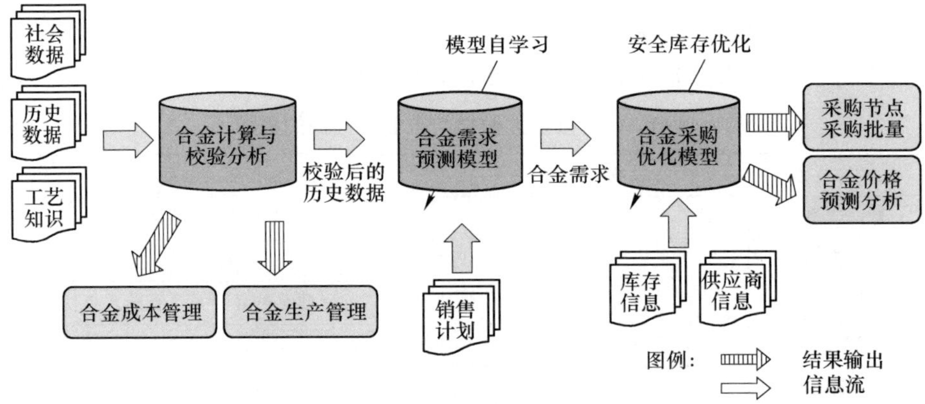

附图 3-1　合金采购决策支持系统构建原理示意图

❶ 本案例更详细的内容参见本人在 2017 年度北京钢铁大会的论文《宝钢宝山基地合金购决策系统的研发与应用》。

系统由合金计算大数据模型群、需求预测模型和采购决策优化模型三部分组成。其中属于典型工业大数据应用的主要是第一部分，它通过在线数据统计建模的方法（结合部分机理知识和专家经验），建立了数百个代数学的数据模型，依托这些大数据模型可以计算出数千出钢记号涉及一百多种合金的使用量标准值。当然，这个系统不仅是利用大数据技术，还含有很多其他技术的集合，如库存论、冶金机理、炼钢工艺、数学优化等。

在该系统上线之前，宝钢主要靠人工进行合金需求的预估，相对费时费力。该系统上线后，由于大幅度减轻了合金计算压力，宝山基地的合金采购周期从两个月缩短为一个月，仅此就可以有效降低库存，为企业创造较大的经济效益。

该项目2013年启动，它是我们研究团队继2003年从过程控制转向“生产管理优化”之后又一次符合技术规律的扩充，把积累的基础技术能力从制造环节向供应链拓展。***当时尚没有大数据热，因此我们完全没有刻意偏爱数据***。换句话说，除了向供应链拓展是来自研发人员的技术判断外，所用的技术也是根据研发规律而定，至于它是否属于大数据技术的成果并没有人在意。

进一步看，该系统研制过程中使用了炼钢过程控制计算机、公司ERP计算机中的数据，这些数据由于密度不同，并没有事先进行数据的系统连接，而是研究人员分别手工获取数据和勾连后进行分析与建模。这个数据处理包含大量与工业常识或冶金机理结合的建模过程，比如对不科学数据的剔除、模型的分类等。

合金采购决策支持系统给我们的启发是：

（1）***工业大数据可以为信息层面的很多决策提供支持，有效弥补传统自动化技术的不足，提高“脑力劳动自动化”的水平，也正是新兴人工智能技术大有作为的领域。***

（2）***对于成百上千变量的复杂问题，工业大数据可以提供有效的支持。***

（3）即使是***合金采购这类相对简单的以代数学模型为主的领域，行业知识依然重要***（比如不同合金由于不同的冶金学作用，其计算可能完全不一样），这是工业与社会大数据差异很大的方面。

（4）本案例使用的过程控制计算机系统数据只是在研制阶段，系统模型成功后就不需要这些庞大的数据了。从成本的角度看，***很多研发使用数据只是阶段性的，因此手工获取几次，或许也是一种低成本且可加快研发的有效方法。***

2.2　转炉炼钢后期的动态脱碳控制模型（1995~2002 年）

众所周知，转炉作为炼钢初炼工序，在中国钢铁业拥有最高的产量占比。它的有效准确控制事关炼钢的效率和成本，一直是业界关注的重点。为了提高转炉炼钢的准确性，人们根据转炉冶炼过程后期钢水的升温和脱碳具有较为规律（冶金学结论）的过程，在副枪测温定碳传感技术的支撑下，通过研究升温和脱碳的数学模型来求解控制量（吹氧量），实现对转炉炼钢的控制，实现钢水的温度和含碳量指标的合格出炉。钢水温度上升基本是线性升高，钢水含碳量则主要是指数规律下降。

简化情况下的碳含量模型是：

$$C = C_0 + \beta \ln\left\{1 + \left[\exp\left(\frac{C_M - C_0}{\beta}\right) - 1\right] \times \exp\left[-\frac{10\alpha}{\beta}\left(\frac{VO - VO_M + \sum (h_i \times r_i)}{WST}\right)\right]\right\}$$

式中　C_0——临界碳浓度，$10^{-2}\%$；

C——计算时刻（吹氧量为 VO 时）的碳浓度；

C_M——吹炼中副枪测定时刻［C］浓度；

VO——计算时刻的吹氧量；

VO_M——副枪测定时的吹氧量；

α——常数，数据建模系数；

β——常数，数据建模系数；

r_i——副枪测定到计算时刻投入的类型为 i 的冷材量，t；

h_i——i 类型的冷材的单位含氧量；

WST——钢水重量，t。

这里面有两个参数决定了脱碳的速度（α 和 β），其准确性也决定了模型精度。传统模型这两个参数由另外的自学习（或称自适应）子模型完成，但实际上经常出现自学习导致精度变差的情况。为了提高转炉出钢双命中率，宝钢股份于 2000 年在二炼钢开始研制基于神经网络算法的数据模型。新的人工智能模型上线后，模型精度确实有了提高。但是，随着各种副原料以及后期加入材料的改变，模型精度出现下降和不稳定。不得已，宝钢股份炼钢厂工艺工程师与研究院智能所工程师联手，约在 2003 年前后，又研制出一种基于代数学、模型参数可交互调整的参数设计子模型系统来取代人工智能神经网络模型。一旦工艺发生变化，工艺工程师可以自行通过界面调整模型参数，这些参数比神经网络参数便于理解，具有较为直接的理化意义。

这个案例演变的过程给我们的启发有：

（1）***基于工业大数据的人工智能模型在工艺和产品发生变化时，精度会下降，需要重新学习和训练模型，这个学习训练过程难以由现场工程师完成，客观上降低了模型的稳定性。***

（2）人工智能模型参数往往没有理化解释，参数众多，人工不能直接调整，导致稳定性和实用性变差。

（3）由于含碳量动态模型只有两个参数，所以一般人工智能模型只需要数百炉甚至更少（视钢种分类的多寡）的有效工业数据就足够训练出来。***根据本人当时的对比研究，再多的数据并不能提高模型精度。***

（4）***工艺发生变化后，即使最新的机器学习技术也难以保证模型准确性***，至少在理论上如此（人工智能或机器学习技术普遍存在泛化能力不足的问题）。在最近的一次远程视频讲座时，就此专门请教长期从事炼钢人工智能技术研究的留英学者董洪标教授，他的回答是实际也是如此。

（5）另外，近年转炉炼钢控制技术的进步主要集中在利用图像和声学等测量技术带来的新型控制手段，其技术核心并非人工智能和大数据应用。厂商为了便于进入业界视野，往往也戴上智能和大数据的帽子，***虽并无不可，却容易使非专业人员产生误解。***

2.3 板坯连铸漏钢预报系统（2005~2006年）

板坯连铸机通过铜制结晶器散热，使钢水连续凝固。铸机连续下拉逐步凝固的钢坯形成板坯供后续轧机使用。粘结漏钢是由于各种原因造成的钢水尚没有形成完整的凝固外壳就被拉离结晶器，导致钢水溢出。一次粘结漏钢不仅造成直接损失20万元（宝钢股份历史数据）以上，还足以打乱生产节奏，造成制造物流的麻烦。

连铸漏钢预报系统是板坯连铸机的标准配置，是防止粘结漏钢的关键技术。该系统通过埋设在结晶器侧面的3排（每排14只）热电偶，获得结晶器的温度实时信息。人们通过纵向相邻的上下两个热电偶的温度数值以及他们在一定时间上的滞后关系，可以推断出可能发生粘结漏钢而报警，铸机通过降低拉速，增强钢水的温降强度达到避免漏钢的目的。这是一个典型的实时工业数据控制系统。42路的数据量虽然不多，但可以说明多数炼钢连铸环节的控制问题，所以可以说连铸过程工业大数据应用早已有之。

该系统的热电偶技术体系不是宝钢的发明，之前宝山基地引进过四家不同外国公司的技术。但这些引进技术要么存在漏报导致漏钢，要么误报率太高（每个月近百次）导致生产难以稳定运行。于是宝钢股份开展了预报模型的自主研发。附图 3-2 是 3 排热电偶在结晶器上的布置示意图，附图 3-3 是纵向排列的 3 只热电偶出现漏钢迹象的温度规律。

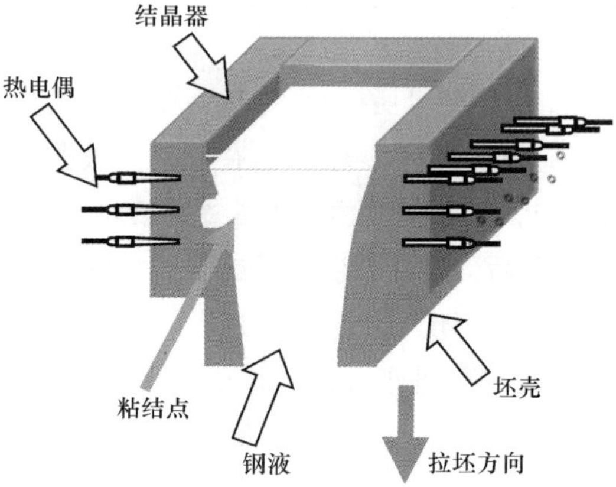

附图 3-2 连铸结晶器与热电偶示意图

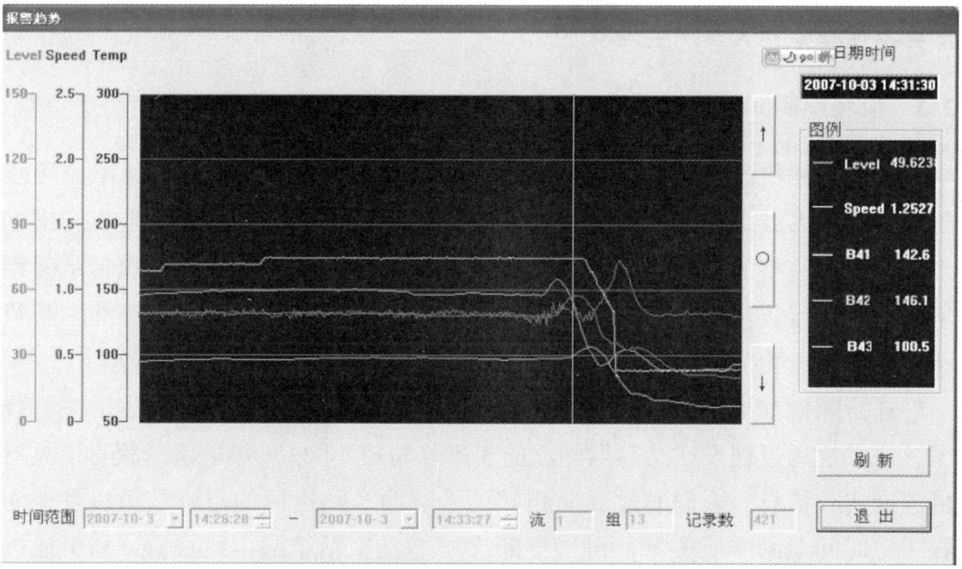

附图 3-3 黏结漏钢发生时的热电偶特征信号

但我们通过研究，发现基于纵向两只热电偶的温度变化，就可以及时判断粘结漏钢将要发生。因此，国际通行的三排热电偶传感器布置，对于我们的模型是不必要的，完全可以减去一排 14 只传感器。

研究成功的关键是一位现场工程师细心收集了不少漏钢时的热电偶数据以及对应的漏钢痕迹图片，这使得模型工程师得以快速建立模型和测试。对于该系统，真正的漏钢发生一个月一般一次左右，所以绝大多数数据没有意义。数据采样周期是 2~3ms，这样的海量数据处理是一件费劲的事情。

需要特别说明的是，研制出模型之后，对于新的铸机我们一般并不需要如第一台研制时那么费力地寻找漏钢预报系统的模型参数。换句话说，后来的铸机数据的重要性下降了，建模难度或者参数调整工作量也下降很多。

漏钢预报系统的启发是：

（1）***对于有些工业问题，并不一定是数据和传感器越多越好，核心还在于问题本身规律的掌握深度。这个实践结论直接质疑通过大量铺设传感器来建设工业大数据系统的做法，尤其是还不知道要解决什么问题，为什么这些传感器就能解决这些问题之前就铺设传感器很可能赔了夫人又折兵。***这与传感器技术是解决控制问题的核心并不矛盾，一般控制技术是针对专门的被控制对象的直接传感器（如温度、转速、位移等传感器），对于钢铁业控制层的大数据应用，常常暗含需要大批传感器的安装，这可能正是成本风险之处，好在这方面很多现场工程师已经注意到了。

（2）正常生产时候的数据是大量且无意义的（实际生产中如附图 3-3 中的水平线占比超过 99.9%），再次说明数据不在于多，***而在于是否包含我们关心的特征***。

（3）该系统早年研制成功后，推广到股份公司（宝山、湛江等基地）的连铸机。推广过程告诉我们，对后面应用场景的数据要求可以降低很多，这说明***智能化模型应该通过试点+推广的做法事半功倍，可以有效降低系统成本***。

3 钢铁业大数据应用的若干技术要点

通过上述三个案例，可以简要地看到工业大数据技术的特点，尤其是每一个案例后面给出的启发点，有助于我们体会不少工作的技术要点。但是，这些案例不能覆盖全貌，下面结合业内专家的共识，罗列一些更广泛适用的观点。

大数据与工业互联网可以比喻为“路”，是基础之一，研制的技术是“车”，研制的能力和人才是“司机”，目的是把“货物”又快又好地送达目的地。这样，我们就可以说工业数据不仅不是目的，它甚至都不是完整的“路”。工业大数据可以看成技术工具之一，只是这个工具由于计算机和信息技术的发展变得较为强大，人们越来越重视。我们必须意识到，单兵器不足以赢得一场战争。***只有“路、车、司机”的平衡发展才是最有效的安排，是钢铁业智能制造的核心战略思维方法之一。***

“路”不仅包括数据的收集、存储和勾连，还应该包括数据分析的工具。好在现在数据分析工具很普及，尤其是工业应用的数据分析工具未必需要十分完整的功能。这里面还要包括对司机的培训，即使是直观简单的数据分析，缺乏基本数理统计基础也不行。

从宏观角度，关于研制什么“车”，工业界相关专家已经形成共识，即工业应该以工业专用软件为第一要务。这里工业软件包括生产、质量、供应链、成本、工艺计算等诸多领域，数以千百计。***工业专业软件才是我们技术安排和决策的依据，大数据应该是为其服务的手段之一，不应该本末倒置。钢铁业各专业需要软件来承载其知识劳动和扩张其技术能力，这是另外一个重要话题。***

按照宝钢的实践以及我所在研究小组二十多年覆盖钢铁业 L1～L5 层级的研发经验，***钢铁业大数据研发和应用的优先领域是 L3/L4 信息层面的决策技术，这是性价比和可行性最高的领域***，也是风险较小的领域。控制层面的大数据应用，原有控制工程师可以胜任，就像本文的漏钢预报案例，不必非冠以大数据的帽子。信息层面，我们又可以按照制造环节看成“加工+库存+物流”组成进行分解，而定出制造环节智能化工业软件的研发和应用的顺序。这三方面优先的工作应该是智能排程、智能库存优化和物流智能调度等。这些智能优化技术目前国内多数钢铁公司公司还处于空白起步阶段，大量冠以智能化的技术不过是自动化或者是蹭热点的常规信息流程软件技术。这三个领域里面又有大量的分支技术，仅以板材库存为例就包括不同层次、品种和覆盖面的技术，高达几十种之多，这也是社会互联网公司难以深入工业领域的客观原因之一。信息层面的决策技术当然应当覆盖供应链，这方面的数据应用与制造环节不尽相同，限于篇幅不作展开。

尽管与社会领域大数据应用存在诸多的差异，从钢铁业和工业技术发展的情况看，我们依然可以选择若干大数据的“车”来开展研发和应用，只是应该服从前面提到的整体工业软件的统筹考虑。首先，根据对工业大数据与社会大数据的异同分析，我们可以粗略地判断，从制造到销售整个供应链中，大数据所可以依赖的程度有一定差异。换句话说，越靠近客户、数据越是不精确、结论的精度要求越低，越可能是大数据可以适当大胆探索的地方。在制造环节内部，工业大数据应用的效果也会有显著差别，简单地说，冶炼区域数据的价值可能比轧制区域大，因为前者缺乏关键变量的准确测量而不得不采用所谓“软测量”方法，这其实就是典型的工业数据应用。无论什么课题，行业工程师一定要明白智能化不能向信息化那样先快速铺开，因为智能化技术相对发展晚，远比信息化难，我们需要采取试点成功到推广应用的模式。

从钢铁业看，我们建议聚焦传统方法难以满足要求的领域或者利于发挥数据长处的领域。这些领域至少有：

（1）钢铁全产线产品质量分析与监管；

（2）冶金成套机组的设备监视与故障诊断；

（3）缺陷图像数据处理与分类；

（4）基于大数据的能源整体调度优化；

（5）基于制造大数据的智能采购；

（6）基于市场与制造大数据的预测式制造系统；

（7）基于大数据的销售决策支持；

（8）成本大数据应用；

（9）工序间数据建模与决策；

（10）研发与制造一体的辅助产品研发系统（PLM）；

（11）冶炼区域及其工序界面问题的数据建模与分析。

其中（1）、（2）、（4）是已经长期利用数据进行工作的领域，是被证实数据应用可行且没有更好的方法可行的领域。（3）则是把图像问题转化为数据后可以称之为大数据应用的领域，其本质依然是图像处理，其方法也是围绕图像处理技术而进行，只是大数据建模技术被认为有前景的新方法之一。（5）~（8）是我们较为推荐的所谓“薄而宽”的信息层面数据应用领域，宝钢数年来的实践证明了其价值和技术经济可行性。制造环节的智能化的难点和核心技术是智能优化，故未列入。（9）则是由于大型钢厂过程计算机建设的分工设计特征决定了工序间信息的利用是一个先天的薄弱环节，传统方法是通过一系列工艺设定值来维系上下游工序间的信息衔接与传递，所以在工序间利用机理公式和实际数据分析和建模可以起到补充和完善的作用。（10）是宝钢研究院多个研究所正在研发的技术。第 11 点是与第 9 点类似，但由于冶炼区域精度可以要求略低，因此控制专业人士期待更多借助大数据能够提高界面控制效果的领域，目前无论理论和实际的发展都还在初期。其中（2）有两个注意或者要点，一是钢铁业研发工程师不要去做单体专用设备（如电机、阀门等）基于数据的设备监视与故障诊断，而要把注意力放到工序设备的综合诊断上，因为前者很快会被专业厂商或者专业公司完成，而工序设备则是与钢铁业本身的制造、产品、工艺都有关的设备问题。二是***故障诊断是远比设备异常监视困难得多***的技术，这一点来自笔者电机诊断技术的实际研发经历。因此，不能没有良好的技术积累就拔高其可靠性，可能给企业带来风险。

以上列举的领域未必全面，但却是我们优先推荐的钢铁业大数据应用领域。

由于科学性以及企业工作成本的角度，几乎所有的大数据技术应用都需要遵循“机理 > 小数据 > 大数据”的方法，即可以用机理模型解决的问题尽量用机理，小数据可以解决的问题就不一定要大数据。另外，一个好的智能化模型往往是“机理+知识+数据”的结合体。

关于“司机”，***不主张靠引进外部数据工程师来解决钢铁业大数据问题***（理由不展开），而应该依靠现有各专业工程师的学习和转型。宝钢股份宝山基地的数据条件是国内钢铁产线最完整的。但从实际情况看，现有数据实际使用依然不够理想，主要原因可能与综合性人才不足有关。因此，各类专业工程师的新技术培训甚至比大数据系统建设还要优先点，优先多少取决于企业基础数据条件的好坏。这方面宝钢股份开始了很多体制机制方面的探索，如公司在 2020 年组建了跨专业跨基地的专业技术团队，针对不同领域问题，把相关专业的工程师虚拟到一起，在智能化或控制工程师的枢纽下共同成长。***又如宝钢研究院智能所已经在为工程师转型编制专用教材（本书），以便为工程师提供紧凑型的复合教材***，弥补社会教材的空白，还通过宝武人才院提供 Python 编程培训平台等。所有这些只是取得一定进展，为宝钢股份真正的智能化提升奠定人才基础。

多说几句“司机”对数据的使用，大致可以分为一般简单应用和复杂数据建模。前者如与生产销售相关的统计、制造过程分析、报表等，这些工作需要懂业务，数据和信息系统只是支持业务人员快速准确达到业务目的。至于较为复杂的数据建模工作，则鼓励需要通过学科结合来进行。***笔者不赞同让各专业的优秀人才都专门去学复杂的数据建模***（除一般回归外的，如数学拟合、高级统计分析、智能算法研究等)。现在各专业人才特别是高级人才本身很缺乏，都去花大量时间深刻理解人工智能、机器学习、高级建模得不偿失，现阶段重点应该是鼓励中青年工程师提升数学和计算机能力以适应转型。

4 小结

大数据技术的发展为钢铁业带来了新的技术手段，数据条件会越来越好，在未来发展中，充分利用好数据是智能化的重要基础之一。和钢铁业历史上的自动化技术发展一样，大数据技术也要本着“路、车、司机”平衡发展来策划和安排。

从钢铁业综合竞争力角度看，我们始终以成本、质量和效率为目的，围绕问题开展复杂问题的解决方案，***聚焦一部分大数据擅长以及其他方法不容易解决的技术方向，理性分析数据的价值，善于利用大数据而不唯大数据是科学的方法。***

从价值和可行性等角度看，***信息及供应链决策层面是大数据大有作为的领域，应该重点和优先发展。***从宝钢股份的实际看，制造环节信息层面的智能化决策支持技术应用已经成熟且受益良多，如智能排程、库存分析与优化，限于篇幅本文实际案例未采用。

数据分析与建模的现成工具很多，通常钢铁业的数据建模问题不是十分复杂，且大多数与业务高度相关，因此依靠现有业务人才的培养是事半功倍的做法。

无论是传统的从 L1 到 L5 的系统，还是各类新的系统分类（如云边端等)，本文提及的工业大数据研发与应用基本要素都是相似的，所不同仅仅是基础软硬件和通讯的差异，与行业关联度不高。

钢铁界需要注意，社会上很多一般性甚至不成熟的技术都喜欢冠以的人工智能、大数据等时髦头衔，容易产生误导，***它们的具体水平和实用性要认真听取专业人士的意见。***